- DIPLOMICA -
BAND 1

Herausgegeben von Björn Bedey

Die Konzeption des Genies in Robert Schneiders *Schlafes Bruder*

Interpretation

von

Mark Werner

Tectum Verlag
Marburg 2003

Die Reihe *diplomica* ist entstanden aus einer Zusammenarbeit der
Diplomarbeitenagentur *diplom.de* und dem *Tectum Verlag*.
Herausgegeben wird die Reihe von Björn Bedey.

Werner, Mark:
Die Konzeption des Genies in Robert Schneiders Schlafes Bruder.
Interpretation.
diplomica, Band 1
/ von Mark Werner
- Marburg : Tectum Verlag, 2003
ISBN 978-3-8288-8545-5

© Tectum Verlag

Tectum Verlag
Marburg 2003

Vorbemerkung

Das vorliegende Buch basiert auf einer Magisterarbeit, die in allen wichtigen Erläuterungs- und Materialienpublikationen zu Robert Schneiders „Schlafes Bruder" zitiert wird bzw. in Auszügen veröffentlicht wurde. Für die vorliegende Ausgabe ist das Literaturverzeichnis aktualisiert worden, außerdem werden einige Internet-Links zu Roman und Autor aufgeführt.

Betreut wurde die ursprüngliche Arbeit von Prof. Dr. Peter Pütz (Germanistisches Seminar der Rheinischen Friedrich-Wilhems-Universität Bonn), dem an dieser Stelle, ebenso wie meinem Korrektor Johannes Gehrke, für die Unterstützung herzlich gedankt sei.

Köln, im Sommer 2003

Mark Werner

INHALT

1. EINLEITUNG 9

2. DAS WESEN DES GENIES 15
   2.1 Anmerkungen zum „Genie" 15
   2.2 Johannes Elias Alder als Genie 20

3. DAS GENIE UND GOTT 25
   3.1 *Schlafes Bruder* - Eine Heiligenlegende? 25
      3.1.1 Die religiöse Prägung 25
      3.1.2 Definitionen von „Legende" und „Heiliger" 26
      3.1.3 Elias aus der Sicht des Erzählers: Genie *und* Heiliger? ... 27
      3.1.4 Die Vita von Elias: Parallelen zu Heiligenleben, biblische Motive und Anspielungen im Roman 29
      3.1.5 Liebe, Schlaf und Tod - eine theologische Annäherung ... 41
   3.2 Religion und Heiligenverehrung in Eschberg 44
   3.3 Darstellung und Bedeutung der Religion in *Schlafes Bruder* und bei Wackenroder und Hoffmann 47

4. DAS GENIE UND DIE MUSIK 53
   4.1 Johannes Elias Alder: Der geniale Künstler und seine Musik ... 53
      4.1.1 Musik, Gefühle und Natur 53
      4.1.2 Der Orgelwettbewerb 57
         4.1.2.1 Bachs Kantate als Leitmotiv 57
         4.1.2.2 Elias' Interpretation des Chorals 59
   4.2 Musik und Künstlerexistenz in der romantischen Musikernovelle und in *Schlafes Bruder* 62

5. Das Genie und die Liebe 77

5.1 Zwischen Liebe und Kunst 77
5.1.1 Gründe des Scheiterns 77
5.1.2 Sublimierung der Liebe durch die Kunst 81

5.2 Die romantische Liebesvorstellung 83
5.2.1 Eros und Religion 83
5.2.2 Die Zerrissenheit des Künstlers 84

5.3 Liebe und Tod - der Romanschluß 88

6. Das Genie und seine Umwelt 91

6.1 Die kleine Welt Eschberg 91
6.1.1 Eschberg und seine Bewohner 91
6.1.2 Die Familie Alder 93
6.1.3 Cousin Peter: Homosexueller, Brandstifter, Judas, Förderer und Unterdrücker des Genies 95

6.2 Grenzen der dörflichen Welt 98

6.3 Schlafes Bruder – eine Dorfgeschichte bzw. ein Heimatroman? 100

6.4 Umwelt und Familie bei Berglinger und Kreisler 102

6.5 Die historische Wirklichkeit 105

7. Erzählhaltung, Sprache und Struktur 109

7.1 Die Stimme des Erzählers 109

7.2 Die Sprache 113

7.3 Die Struktur 115
7.3.1 Der Aufbau der Geschichte 115
7.3.2 Affinitäten zu musikalischen Strukturen 118

7.4 Anmerkungen zu Sprache, Stil und Struktur in der Romantik mit Beispielen aus Werken Wackenroders und Hoffmanns 120

7.5 Form und Geniekonzeption 125

8. *SCHLAFES BRUDER* - PHÄNOMEN EINES ERFOLGES 127

   8.1 Das Spiel mit den Gattungen 127

   8.2 *Schlafes Bruder* und Patrick Süskinds *Das Parfum*.............. 133

   8.3 Ein maßgeschneiderter Erfolgsroman..................................... 136

LITERATURVERZEICHNIS... 139

1. Einleitung

> „Ist es faßlich, daß hier ein Genius lebt,
> der vermöge seiner musikalischen Intelligenz
> Dinge zu sagen hätte, welche
> die Musikgeschichte des 19. Jahrhunderts um ein
> Gewaltiges voranbringen könnten?"
> (SB 159f.)

„Wurzelsepp im Wunderland"[1] oder „Der Musikmessias von der Hochalm"[2] - das sind die neueren Titel, die die Feuilleton-Autoren einer literarischen Figur verliehen haben, die wie kaum eine andere Romangestalt zu Beginn der Neunziger Jahre für Furore gesorgt hat. Die Rede ist von „Johannes Elias Alder", dem Protagonisten aus Robert Schneiders Roman *Schlafes Bruder*.

Dieses Debüt des 1961 in Bregenz (Österreich) geborenen Autors wurde erstmals 1992 im RECLAM VERLAG LEIPZIG veröffentlicht. Was folgte, war eine gerade in der modernen Buchlandschaft ungewöhnliche Erfolgsgeschichte: Autor und Werk wurden in großem Maße von der Kritik berücksichtigt und zudem äußerst positiv besprochen. Nicht zuletzt aus diesem Grund zählt der Verlag mittlerweile über 700.000 verkaufte Exemplare - eine Sensation für einen jungen Autor auf dem deutschsprachigen Markt. Hinzu kommt, daß der Roman in rund zwanzig Sprachen übersetzt worden ist oder noch übersetzt wird.

Inzwischen ist Robert Schneider ein mit Preisen überhäufter Autor, der auch für sein dramatisches Werk mehrfach ausgezeichnet wurde.[3] So war sein dramatischer Monolog *Dreck* das meistgespielte Theaterstück der Saison 1993, und Schneider wurde von der Zeitschrift „theater heute" zum Nachwuchsdramatiker des Jahres

---

[1] Umbach, Klaus: Wurzelsepp im Wunderland. In: Der Spiegel 17 (1996) S. 217.
 Zur Zitierweise: Im folgenden werden Literaturangaben in den Fußnoten bei der ersten Erwähnung ausführlich, bei jedem weiteren Zitat in Kurzform, wie im Literaturverzeichnis aufgeschlüsselt, angegeben.
 Zitate aus dem Roman *Schlafes Bruder* werden direkt im Anschluß an das Zitat nachgewiesen, z. B. (SB 120) = Schneider, Robert: Schlafes Bruder. 15. Aufl. Leipzig 1996. S. 120. Die Seitenangaben richten sich nach der neuesten Taschenbuchausgabe und entsprechen der Seitenzahl der Hardcover-Ausgabe plus 2.
 Zitate aus der Primär- oder Sekundärliteratur, die mehr als vier Zeilen umfassen, werden als Block engzeilig eingerückt.

[2] Spahn, Claus: Der Musikmessias von der Hochalm. In: Süddeutsche Zeitung 100 (1996) S. 14.

[3] Darunter der „Literaturpreis der Salzburger Osterfestspiele" und der französische „Prix Médicis" für den besten ausländischen Roman.

gekürt.[4] Die Gründe für den Erfolg des Autors und seines Erstlingsromans werden in der Schlußbetrachtung dieser Arbeit näher untersucht, doch nicht die Popularität des Buches gab den Anstoß, sich literaturwissenschaftlich mit *Schlafes Bruder* zu beschäftigen, vielmehr waren es der Stoff, den der Autor andient, und seine sprachliche Umsetzung. Robert Schneider erzählt die Geschichte eines Musikgenies. Dieses Genie ist von Gott erwählt und wird sein Leben lang von Gott geprüft. Ihm sind zwei Talente in ungeheurem Maße gegeben: zum einen die Gabe geradezu übermenschlicher Musikalität, zum anderen die Fähigkeit zur unbedingten, kompromißlosen und nur auf die Seele zielenden Liebe.

Mit der Lebensgeschichte des Johannes Elias Alder, den religiösen, musikalischen und liebesdichterischen Elementen, aber auch der stilistischen, sprachlichen und erzählperspektivischen Umsetzung bewegt sich der Erzähler Robert Schneider innerhalb eines literarischen Rahmens, der an bekannte, in der Literatur oft zitierte Genie- und Künstlerkonzeptionen erinnert. Dieser Rahmen soll in der vorliegenden Arbeit abgesteckt und ausgelotet, also die Konzeption des Genies in *Schlafes Bruder* offengelegt werden.

Mit „Konzeption des Genies" ist die innere wie äußere Zusammensetzung und Gestaltung des Künstlers, genauer: des Musikers Johannes Elias Alder, gemeint, also die konzeptionelle Idee des Erzählers, die hinter der Geniefigur steckt, sowie die Umsetzung dieser Idee mit den gestalterischen Mitteln des Schriftstellers.[5] „Genie" meint die Figur der Künstlerexistenz sowie auch ihre außergewöhnlichen Fähigkeiten, und die Konzeption dieser Künstlerexistenz wird anhand verschiedener

---

[4] Für sein Drehbuch *Die Harmonien des Carlo Gesualdo* erhielt er bereits 1990 den Filmdrehbuchpreis des ORF, im gleichen Jahr wurde er mit dem Landespreis für Volkstheaterstücke des Landes Baden-Württemberg für sein Stück *Traum und Trauer des jungen H.* ausgezeichnet. Schneiders Erfolge haben weite Kreise gezogen: *Schlafes Bruder* wurde von Joseph Vilsmaier verfilmt und startete im Herbst 1995 in den deutschen Kinos (Drehbuch: Robert Schneider), außerdem wurde der Roman bereits in ein Ballett umgesetzt und im Frühjahr 1996 in Zürich auch als Oper uraufgeführt (Libretto: Robert Schneider, Musik: Herbert Willi).

[5] Robert Schneider selbst bezeichnet *Schlafes Bruder* als einen „Anti-Genieroman, weil zwar von einem Genie die Rede ist, dieses Genie sich letzten Endes aber nicht offenbart, also der Nachwelt zumindest [nicht]"(Kruse, Bernhard Arnold: Interview mit Robert Schneider. In: Der Deutschunterricht 2 (1996) S. 93.). Ob die Bezeichnung „Genieroman" allein davon abhängig gemacht werden kann, inwieweit das behandelte Genie der - fiktiven - Nachwelt präsent bleibt, darf bezweifelt werden. Schließlich ist eben dieses Moment der Werklosigkeit und des spurlosen Verschwindens eine prägende Facette des Genies in *Schlafes Bruder* und in literarischen Vorgängern. „Anti-Genieroman" wäre wohl eher die Bezeichnung für ein Werk, das sich mit gängigen Klischees und Typisierungen der Genie-Literatur kritisch auseinandersetzt, diese prüft, eventuell ironisiert. Dies ist in Schneiders Roman zumindest nicht eindeutig und durchgängig der Fall. Nun, ob „Genieroman" oder „Anti-Genieroman" - es bleibt die Frage, wie dieses Genie, die geniale Künstlerexistenz Johannes Elias Alder, konzipiert ist.

Interpretationsansätze untersucht. Zu dieser Untersuchung gehören z. B. die Bedeutung von Musik, Religion und Liebe für den Musiker oder äußere Einflüsse, die Handeln und Denken des Genies mitbestimmen.

„Dieses Buch ist halb Sage, halb Heiligen- und Märtyrerlegende, aber auch Künstler- und Dorfroman."[6] Mit dieser Beschreibung Beatrice von Matts werden bereits einige der Themenschwerpunkte genannt, die in dieser Arbeit untersucht werden. Andere Rezensionen nennen den Roman auch „Märchen"[7] oder Elias eine „Romanfigur der Schwarzen Romantik".[8] Um die Konzeption des Genies darzustellen, ist wegen dieser Vielzahl von im Roman anklingenden Gattungen eine gattungstechnische Analyse unerläßlich. Ein Schwerpunkt wird deshalb die Untersuchung des Romans in bezug auf seine Nähe zur Heiligenlegende sein, wobei auch das Bild der negativen Religiosität, die der Roman vermittelt, betrachtet wird. Ferner werden Elemente von Heimatliteratur und Dorfgeschichte definiert; außerdem wird eine zentrale Frage der Arbeit sein, inwiefern *Schlafes Bruder* und die Genievorstellung, welche im Roman zum Ausdruck kommt, in der Tradition der romantischen Künstlernovelle stehen, da aufgrund offensichtlicher Anspielungen vom Autor eine Nähe zur Romantik bzw. zur romantischen Musikernovelle hergestellt wird.

Um das Geniebild in *Schlafes Bruder* zu beschreiben, werden die vier im Roman schicksalsbestimmenden Faktoren Gott, Musik, Liebe und Umwelt näher betrachtet. Hinzu kommen eine Untersuchung von Erzählhaltung, Sprache und Struktur sowie einleitend einige allgemeinere Anmerkungen zu verschiedenen Genievorstellungen. Diese Säulen der Interpretation beinhalten die Entschlüsselung und Deutung von Textstellen mit tragender Bedeutung und gegebenenfalls eine Einordnung bzw. Klassifikation des Romans in gattungsspezifische, poetologische und literaturhistorische Zusammenhänge. In einer Schlußbetrachtung wird schließlich Robert Schneiders Roman als Erfolg der neuesten deutschsprachigen Literatur hinterfragt und in diesem Zusammenhang mit Patrick Süskinds *Das Parfum*[9] verglichen. Wie sich dabei zeigen wird, sind der Erfolg und die Beliebtheit des Romans entscheidend von der Konzeption des Genies und den Mitteln, mit denen der Autor seinen Protagonisten geformt hat, abhängig.

---

[6] Matt, Beatrice von: Föhnstürme und Klangwetter. In: Moritz, Rainer (Hg.): Über „Schlafes Bruder". Materialien zu Robert Schneiders Roman. 2. durchges. Aufl. Leipzig 1996. S. 156.
[7] Doerry, Martin: Ein Splittern von Knochen. In: Der Spiegel 48 (1992) S. 256.
[8] Ohrlinger, Herbert: Ein Neuer aus Österreich. In: Moritz, Rainer (Hg.): Über „Schlafes Bruder". Materialien zu Robert Schneiders Roman. 2. durchges. Aufl. Leipzig 1996. S.142.
[9] Süskind, Patrick: Das Parfum. Zürich 1985.

In der vorliegenden Arbeit greife ich gelegentlich - besonders in Kapitel 3 - auf die Ergebnisse meines Aufsatzes mit dem Titel „*Schlafes Bruder* - eine Heiligenlegende?"[10] zurück, Zitate werden an gegebener Stelle natürlich kenntlich gemacht. Die Analyse romantischer Elemente bzw. die Untersuchung der Nähe von Schneiders Protagonisten zur romantischen Künstlerexistenz wird am Beispiel zweier die romantische Musikernovelle besonders prägender Musikfiguren aus den Werken Wilhelm Heinrich Wackenroders und Ernst Theodor Amadeus Hoffmanns vorgenommen: „Joseph Berglinger" und „Johannes Kreisler".[11]

Nicht alle Kapitel der Arbeit werden gleich gewichtet, allein die Themen Religion und Musik müssen wegen ihrer zentralen Stellung einen weitaus größeren Platz einnehmen als beispielsweise die Betrachtung des Umfeldes der Hauptfigur. Au-

---

[10]   Werner, Mark: *Schlafes Bruder* - Eine Heiligenlegende?. In: Moritz, Rainer (Hg.): Über „Schlafes Bruder". Materialien zu Robert Schneiders Roman. 2. durchges. Aufl. Leipzig 1996.

[11]   Joseph Berglinger, eine Figur Wackenroders, trat erstmals in den 1796 erschienenen *Herzensergießungen eines kunstliebenden Klosterbruders* (Wackenroder, Wilhelm Heinrich: Sämtliche Werke und Briefe. Historisch-kritische Ausgabe. Hrsg. v. Silvio Vietta u. Richard Littlejohns. 2 Bde. Heidelberg 1991. Bd. 1. S. 51-145) auf, einer Sammlung von Erzählungen, deren letzte eben *Das merkwürdige musikalische Leben des Tonkünstlers Joseph Berglinger* ist. In den 1799 von Ludwig Tieck herausgegebenen *Phantasien über die Kunst für Freunde der Kunst* (Wackenroder, Werke, Bd. 1, S. 147-252) - gewissermaßen eine Fortsetzung der *Herzensergießungen* - umfaßt der zweite Teil einen *Anhang einiger musikalischer Aufsätze von Joseph Berglinger*, in der die Figur weiter ausgeführt wird. In der Forschung herrscht Uneinigkeit, welchen Anteil Wackenroder an den *Phantasien* hat und welchen Tieck. Vgl. hierzu Pikulik, Lothar: Frühromantik. Epoche - Werk - Wirkung. München 1992. S. 278: „In der Vorrede zu den *Phantasien* bemerkt Tieck von den Aufsätzen Wackenroders, die er aus dessen Nachlaß herausgibt, daß der Freund sie 'erst kurz vor seiner Krankheit [...] ausgearbeitet und mir mitgeteilt hat'. [...] Zu Wackenroders Anteil: In derselben Vorrede [...] schreibt Tieck sich von 'Berglingers Aufsätzen' die 'vier letzten' zu [...], das heißt, wenn man von der Numerierung ausgeht, auch die Nr. VI. *Ein Brief Joseph Berglingers*. Jedoch hat R. Alewyn (1944) äußere und vor allem innere Gründe dafür vorgebracht, daß neben den Stücken I-V auch dieser Text Wackenroder zugehört. Eine Bestätigung findet die These durch Tieck selbst, der in der neuen veränderten Auflage von 1814 [...] ausdrücklich nur die von Wackenroder stammenden Aufsätze herausgibt und dabei den *Brief* [...] einschließt." Man muß zumindest also davon ausgehen, daß die Berglinger-Aufsätze von Nr. VII. an auch Beiträge von Tieck enthalten. In der vorliegenden Arbeit wird dieser Umstand im folgenden nicht mehr hervorgehoben. Die Autorschaft von Ludwig Tieck wird für die drei letzten Aufsätze der *Phantasien* vorausgesetzt, ohne jedesmal ausdrücklich genannt zu werden. Im übrigen zeichnet Tieck auch für einige Texte in den *Herzensergießungen* verantwortlich - allerdings nicht für die, die in dieser Arbeit relevant sind.
   Johannes Kreisler ist ein Kapellmeister aus Hoffmanns Lebens-Ansichten des Katers Murr nebst fragmentarischer Biographie des Kapellmeisters Johannes Kreisler in zufälligen Makulaturblättern (Hoffmann, E.T.A.: Poetische Werke. Hrsg. v. Klaus Kanzog. Mit Federzeichnungen von Walter Wellenstein. 12 Bde. Berlin 1957-1962. Bd. 9. S. 3-409) - der Roman erschien erstmals in zwei Bänden 1819 und 1821 - sowie den Kreisleriana (Hoffmann, Werke, Bd. 1, S. 342-391; erstmals 1814 im ersten Band der Phantasiestücke in Callots Manier, Hoffmann, Werke, Bd. 1, S. 1-391, integriert), einer essayistisch geprägten Sammlung von Texten, die um die Kreisler-Figur zentriert ist.

ßerdem soll keine ausführliche Analyse der Werke Wackenroders und Hoffmanns oder Schriften anderer romantischer Dichter vorgenommen werden; diese werden lediglich in Punkten untersucht, die zur Deutung von *Schlafes Bruder* hilfreich sind. Denn die beiden Künstlerfiguren Berglinger und Kreisler weisen erstaunliche Analogien zur Figur des Elias Alder auf - allerdings, soviel kann vorweggenommen werden, auch entscheidende Unterschiede.

2. Das Wesen des Genies

> „Es ist das Wesen eines jeden Genies, daß es
> Dinge mit großer Vollendung zuwege bringt,
> die es weder geschaut noch gehört hat."
> (SB 95)

2.1 Anmerkungen zum „Genie"

In diesem Kapitel sollen einleitende Anmerkungen zu verschiedenen Genievorstellungen und Entwicklungen in der Geschichte des Begriffs „Genie" gemacht werden, die von Interesse für die Geniekonzeption in *Schlafes Bruder* sind. Es folgt also kein vollständiger Überblick etwa über die Geschichte der Genievorstellungen, vielmehr werden einige Punkte aus der geistes- und naturwissenschaftlichen Genie-Diskussion ausgewählt, um zum einen auf die Genievorstellungen in der Romantik überzuleiten, zum anderen aber auch, um auf eine vom Literarisch-Philosophischen gelöste, psychologisch-soziologische Betrachtungsweise der Problematik aufmerksam zu machen, die im zweiten Teil des Kapitels wieder aufgenommen wird.

Der moderne Geniebegriff hat nach Lange-Eichbaum und Kurth „zwei Eltern: die Lehre von der Gottbesessenheit (Enthusiasmus) und die von der angeborenen Begabung (ingenium)". Diesen Lehren entsprechen „vier Wurzeln: 1. antiker Dämon und Genius, 2. der inspirierende Dämon der Dichter, 3. die angeborene Anlage (ingenium) aller Menschen, 4. die hervorragende, besonders die irrationale Anlage der hervorragenden Menschen". Der Begriff „Genius" geht dann um die Mitte des 16. Jahrhunderts „als Personifikation der individuellen Eigenart" langsam in den Sprachgebrauch über. Eine Prägung des Begriffs im heutigen Sinne, bezogen auf einen Menschen mit geheimnisvoller, beinahe göttlicher Schöpferkraft, bringt erst die Barockzeit. In der zweiten Hälfte des 17. Jahrhunderts wurde „jenes halbreligiöse Ideal [...] durch das Originalitäts-Ideal" ergänzt. Dabei schloß dieses Ideal nicht die Personenverehrung, „sondern das Streben nach sachlichen Zielen (Erkenntnis, Kunst, Menschheitskultur)" mit ein. Die höchste religiöse Befreiungsmacht gewinnt der Geniebegriff in der zweiten Hälfte des 18. Jahrhunderts: „Das Genie ist sich selbst Gesetz, [dies] war der Grundgedanke, der alle starren, rationalistischen Vorschriften und Fesseln sprengte". Im 18. Jahrhundert sind zwei Stränge der Genie-Theorien zu finden: Der eine Strang besagt: „Das Genie ist ein Mysterium, eine Offenbarung des Metaphysischen, Göttlichen." Der zweite „ist die Richtung des kritischen Verstandes, der aufkommenden Soziologie, Naturwissenschaft und Medizin", mit ihm wird das Genie „seines mystischen Gewandes entkleidet". Das

Wort „genial" hat natürlich - wie heute und überhaupt seit dem 18. Jahrhundert - auch noch die zusätzliche Bedeutung: „aus dem Gewohnten herausfallend, die Tradition verleugnend und überhaupt vom sogenannten Normalen abweichend"[12].

Der Begriff des Genies stand besonders im Zentrum der literaturtheoretischen Diskussion des 18. Jahrhunderts, „sein 'ingenium' macht den Dichter zum 'vates', zum Priester und Seher"[13]. Erst wenn der Schaffensprozeß nicht mehr in einem Mythos, sondern in der Einbildungskraft begründet wird, kann jedoch von der Genievorstellung im moderneren Sinne die Rede sein. In der literarischen Diskussion der zweiten Hälfte des 18. Jahrhunderts ergibt sich ein breiter „Katalog politischer Geniebegriffe"[14]. Der Versuch, auf der Basis des Geniebegriffs eine Kunsttheorie aufzubauen und die „klassizistische Aristotelesinterpretation [...] abzulösen", durchlief zu dieser Zeit mehrere Stadien:

> „1. Nicht mehr der Grundsatz der Naturnachahmung, sondern die Kraft der Seele bildet den Ausgangspunkt des Geniebegriffs. [...] 2. [Es gab eine] neue, historische Sicht der antiken Poesie [...]. 3. Die Möglichkeit einer literarischen Theorie des Genies wird geleugnet [...]. 4. Eine Form kritischer Prosa entsteht [...]. 5. Wird die Möglichkeit einer Theorie der Kunst zugestanden, so nur durch deren radikale Neubegründung in der Selbsterfahrung des Genies, jenseits traditioneller Poetik und Psychologie"[15].

Zu einem solchen Aufbau eines nur aus der Wahrnehmung künstlerischen Schaffens geschöpften Geniebegriffs ist es indes nicht mehr gekommen. In Kants *Kritik der Urteilskraft* erhält der Geniebegriff seine für dieses Stadium (das in seinen Auswirkungen auf die Romantik für die vorliegende Arbeit, wie oben erwähnt, von besonderem Interesse ist) wohl bündigste Fassung. Die romantischen Dichter pflegten eine „enge Beziehung zur Philosophie, zunächst zu Fichte und Schelling, später zu Naturphilosophen und Mythentheoretikern, und sie [die Romantik] ist nicht denkbar ohne die ihr vorausgehende kritische Philosophie Kants"[16]. Aus diesem Grund soll an dieser Stelle ein kurzer Blick auf das Geniebild Kants geworfen werden.

Immanuel Kant definiert das Genie anhand von vier Punkten: Das Genie sei ein Talent, dessen „erste Eigenschaft [Originalität] sein müsse", seine Produkte müßten

---

12 Lange-Eichbaum, Wilhelm/Kurth, Wolfram: Genie, Irrsinn und Ruhm. Genie-Mythus und Pathographie des Genies. Repr. d. 6. Aufl. 1967. München 1979. S. 29ff.
13 Peters, Günter: Genie, Originalität. In: Literatur Lexikon. Hrsg. v. Walther Killy. Gütersloh, München 1992. Bd. 13. S. 359.
14 Peters, Genie, S. 360.
15 Peters, Genie, S. 360.
16 Ribbat, Ernst: Die Romantik. Wirkungen der Revolution und neue Formen literarischer Autonomie. In: Zmegac, Viktor (Hg.): Geschichte der deutschen Literatur vom 18. Jahrhundert bis zur Gegenwart. Königstein/Ts. 1978-1984. Bd. I/2. S. 95.

„exemplarisch [...], selbst nicht durch Nachahmung entsprungen" sein; das Genie könne „wie es sein Product zu Stande bringe, selbst nicht beschreiben, oder wissenschaftlich anzeigen [...], sondern [es gebe] als Natur die Regel", es könne also keine Vorschriften erstellen, die andere „in Stand setzen, gleichmäßige Producte hervorzubringen". Außerdem betont Kant, „daß die Natur durch das Genie nicht der Wissenschaft, sondern der Kunst die Regel vorschreibe und auch dies nur, insofern diese letztere schöne Kunst sein soll"[17] -, zu der er als dritte Art, neben der redenden und bildenden Kunst auch „die Kunst des schönen Spiels der Empfindungen" zählt, der er „Musik und Farbenkunst"[18] zurechnet. In sich vereinige das Genie die „Gemüthskräfte [...] Einbildungskraft und Verstand"[19]. Und so bestehe

> „das Genie eigentlich in dem glücklichen Verhältnisse, welches keine Wissenschaft lehren und kein Fleiß erlernen kann, zu einem gegebenen Begriffe Ideen aufzufinden und andererseits zu diesen den Ausdruck zu treffen, durch den die dadurch bewirkte subjective Gemüthsstimmung, als Begleitung eines Begriffs, anderen mitgetheilet werden kann. Das letztere Talent ist eigentlich dasjenige, was man Geist nennt"[20].

Nach den von Kant formulierten „Voraussetzungen ist Genie: die musterhafte Originalität der Naturgabe des Subjects im freien Gebrauche seiner Erkenntnißvermögen." Und sein Produkt ist „ein Beispiel nicht der Nachahmung [...], sondern der Nachfolge für ein anderes Genie"[21].

Das Verhältnis von Genie und Geschmack ist ein wichtiger Punkt in Kants Genie-Konzeption. „Weil der Geschmack *an sich* schon eine Synthese von Individuell-Subjektivem und Allgemein-Gültigem, von Gefühl und Ratio ist, vermag er auch die Werke eines Genies im Sinne einer solchen Synthese zu strukturieren. Er reguliert das Genie [...]."[22] Mittels des Geschmacks werde „die Genialität über die Sphäre der Privilegiertheit und Privatheit hinaus in die Gesellschaft und der 'Menschheit', erweitert. So mache der Geschmack „aus dem Einmaligen und Besonderen das allgemein Wertvolle"[23]. Diese Art von Geschmack im Kantschen Sinne erfüllt auch Johannes Elias Alder, was sichtbar wird in der unbewußten Adaption grundlegender musikalischer Notwendigkeiten, dem ohne Vergleichsmöglichkeiten vor-

---

[17] Kant, Immanuel: Werke, Akademie-Textausgabe. Unveränderter, photomechanischer Abdruck des Textes der von der Preußischen Akademie der Wissenschaften 1902 begonnenen Ausgabe der von Kant gesammelten Schriften. 9 Bde. Berlin 1968. Bd. 5. S. 308.
[18] Kant, Werke, Bd. 5, S. 324.
[19] Kant, Werke, Bd. 5, S. 316.
[20] Kant, Werke, Bd. 5, S. 317.
[21] Kant, Werke, Bd. 5, S. 318.
[22] Schmidt, Jochen: Die Geschichte des Geniegedankens in der deutschen Literatur, Philosophie und Politik 1750-1945. 2 Bde. Darmstadt 1985. Bd. 1, S. 359.
[23] Schmidt, Geschichte, Bd. 1, S. 360.

handenen Wissen bzw. Gefühl für musikalische Harmonie und der späteren Übertragung der privaten, in Musik übersetzten Gefühle zu allgemein empfundener Schönheit. In der Art, wie Elias die musikalischen Grundlagen erlernt, zeigt sich eine von Kant formulierte Zweckmäßigkeit. So deutet Schmidt Kants Vorstellung derart, daß „das Genie [...] nicht prinzipiell Ausnahme [sei], sondern Regel: es verkörpere die rational-teleologische faßbare Gesetzlichkeit, die alle Natur durchwaltet, nur eben auf unbewußte Art. Die Einbildungskraft [...] verfahre zwar frei von aller Anleitung durch Regeln, dennoch aber zweckmäßig"[24]. Diese Zweckmäßigkeit führt Schmidt auch hinsichtlich der Musterhaftigkeit des Geschaffenen weiter aus[25]: „Das Genie ahmt also niemanden und nichts nach, es richtet sich nicht nach Mustern und Regeln, aber es gibt sie dennoch seinerseits der Welt. Dies kann es nur, weil seine Werke, obwohl sie naturhaft-unbewußt und jedenfalls ohne Regelbewußtsein geschaffen wurden, rational strukturiert sind [...]."[26]

Kants wegweisende Stellung in der Diskussion um das Genieproblem begründet sich unter anderem darin, daß er als einer der ersten wissenschaftliche Perspektiven bei der Behandlung des Genieproblems vorstellte und das Genie grundlegend theoretisch erörterte. Erst ihm

> „ist es gelungen, sich von der Auffassung völlig zu befreien, nach der das Genie gleichsam ein Vermittler höherer Mächte ist, die Personifikation jener von der Natur geschenkten produktiven Kraft, die die Formidee im Kunstwerk zustande bringt. Die Stelle dieser geheimnisvollen Mächte nimmt bei ihm eine verborgene, dem Bewußtsein unzugängliche Schicht der Phantasiewelt und der Gemütsverfassung ein"[27].

Sein Verdienst das Genieproblem betreffend läßt sich also so zusammenfassen, daß er „mit der rein metaphysischen Theorie des Genies gebrochen hat, [...] daß er den genialen Leistungen nur eine exemplarische Bedeutung zuschrieb", und „daß er den eigentlichen produktiven Prozeß im wesentlichen in das Unbewußte verlegte"[28].

Für den „metaphysisch denkenden Menschen [sind] die Genies als Vermittler zwischen Gott und Mensch anzusehen und ihnen Fähigkeiten zuzuschreiben, die nicht

---

24 Schmidt, Geschichte, Bd. 1, S. 375.
25 Vgl. dazu auch Schmidt, Geschichte, Bd. 1, S. 376f.: Schmidt hebt bezüglich der begründeten Musterhaftigkeit des Originalgenies hervor, daß „Kants Abhandlung der Genieproblematik in ihren Schlußabschnitten ganz unter dem Gesichtspunkt der Vermittlung des Individuell-Genialen zur allgemeinen menschlichen Kultur steht". Nur durch die Zweckmäßigkeit des Geschaffenen ergebe sich „eine Brücke vom isolierten Schaffen des Genies zur menschlichen Kultur im Ganzen".
26 Schmidt, Geschichte, Bd. 1, S. 375.
27 Révész, Géza: Talent und Genie. Grundzüge einer Begabungspsychologie. München 1952. S. 127.
28 Révész, Talent, S. 128.

allen irdischen Geschöpfen zuteil werden", schreibt Révész. Die Wurzeln dieser Vorstellung liegen dabei nicht im individuellen Charakter der Genies, sondern in der Tatsache der Dauerhaftigkeit ihrer Taten und Werke, den Spuren, die sie nach ihrem Tod hinterlassen. Damit spricht Révész einen wichtigen Punkt der Genieproblematik an: Die Verehrergemeinde. Lange-Eichbaum und Kurth beschäftigen sich besonders mit der Pathographie des Genies, wobei sie neben der psychischen Struktur der Geniepersönlichkeit auch die psychische Sozialstruktur der Verehrergemeinde in ihre Betrachtungen miteinbeziehen.[29] Im folgenden sollen einige ihrer Erkenntnisse genannt werden, die zu einer von der künstlerischen Genie-Diskussion losgelösten Sichtweise auch des Genies Johannes Elias Alder überleiten sollen. Der Erzähler nennt Elias mehrmals „verrückt" (vgl. SB 160 o. 190), „lebensmüde" (SB 164) und betont die „Irrigkeit seines Geistes" (SB 191), so daß auch eine pathographische Betrachtung des Wahnsinns von Elias aufschlußreich sein kann.

Lange-Eichbaum und Kurth zerlegen den sogenannten „Genieakkord", der entstehe, wenn „in der Gemeinde [...] auf Grund von Werk, Schicksal oder Persönlichkeit eines Menschen der zum Klingen gebrachte numinose Gefühlsakkord das Maß des Gewöhnlichen [übersteigt]", in Einzeltöne. Eine allgemeine Struktur eines berühmten und genialen Menschen lasse sich anhand der einzelnen Akkordmöglichkeiten in verschiedenen Variationen erkennen. Für den Künstler entwerfen sie folgende Struktur:

> „Majestas: das schöpferische Talent. Energicum: Leidenschaft, Glut, gesteigerte Affektivität. Fascinans: der Zauber des Kunstwerkes, oft darin eingeschlossen die Möglichkeit ein Ich-Ideal, Zeitideal, Persönlichkeitsideal im Werke zu erleben (Odysseus, Achill, Faust) oder ein Persönlichkeitsideal im Künstler selbst (Goethe). Mirum: das ungreiflich Wunderbare des Werkes und der Schaffenstätigkeit (Künstlerschaft als Mysterium). Tremendum: das Werk aus Leid geboren, Undank, Leid als Lohn, früher Tod, Selbstmord, Geisteskrankheit. Sanctum: Klassiker-Ruf."[30]

Im Großen und Ganzen läßt sich auch Elias dieser künstlerspezifischen Struktur zuordnen; ihm fehlt lediglich das Element des Sanctums - es sei denn man löst sich von dem in der Erzählwelt beschriebenen Ende, dann nämlich verschafft der Er-

---

[29] Vgl. Lange-Eichbaum, Genie, S. 187: „Auf Grund seiner Gaben und Talente darf ein gesundes schöpferisches Hochtalent Anspruch auf den Genie-Titel erheben. Ob es diesen Titel aber wirklich erhält, hängt allerdings von der wertenden Umwelt, der Gemeinde ab. Es darf weiterhin behauptet werden,daß Persönlichkeiten, die von bestimmten Jahrzehnten oder auch Jahrhunderten als Genie herausgestellt werden, innerhalb dieser Zeit als hochwertig anerkannte Eigenschaften aufweisen, die sich in ihren Werken widerspiegeln."
[30] Lange-Eichbaum, Genie, S. 164.

zähler ihm das Sanctum, indem er Elias' Geschichte mit effektheischenden Mitteln verbreitet.

Bezüglich Genialität und Geisteskrankheit kommen Lange-Eichbaum und Kurth zu dem Ergebnis, daß von wenigen Ausnahmen abgesehen „fast alle großen Genies der Menschheit psychopathisch" waren, was sie auch „leicht bionegativ[31], in gewisser Weise lebensuntüchtig"[32] nennen. Der große „Teil dieser Genies litt stark an sich selbst und seinen unglücklichen Anlagen"[33]. Das Fazit der Untersuchung von Lange-Eichbaum und Kurth heißt: „Nicht das Genie ist 'irrsinnig' (im Sinne von bionegativ), sondern der 'Irrsinn' wird häufiger und eher berühmt, und der mit dem Bionegativen zu einer Einheit verschmolzene Ruhm führt eher zum Genie. Genie ist somit eine soziologische Relation."[34]

Die hier nur skizzierten Genievorstellungen, einmal Kants, der für die gesamte Diskussion der Genieproblematik wegweisend war, vornehmlich aber für den Zeitraum, der in der vorliegenden Arbeit von besonderer Relevanz ist, sowie der psychopathologische Ansatz von Lange-Eichbaum und Kurth, der die soziologische Relation des Genies einbringt, sollen nun als Ausgangspunkte für eine einleitende Betrachtung des Wesens von Elias' Genie dienen und keinesfalls als grundsätzliche oder gar umfassende Darstellungen ausgegeben werden.

2.2 Johannes Elias Alder als Genie

Um Elias als „kurioses Naturgenie" (SB 168) zu charakterisieren, muß zunächst das Bild wiedergegeben werden, das der Erzähler vermittelt. Gleich zu Beginn hält er fest, daß es Gott ist, von dem Elias seine Befähigungen erhält - die „wertvolle Gabe der Musik" und eine solche „Leidenschaft nach der Liebe [...], daß davon sein Leben vor der Zeit verzehrt wurde" (SB 13). Wichtig ist, daß bereits hier der enge Zusammenhang von Gott, Musik und Liebe hergestellt wird, und daß ausdrücklich nicht nur die musikalischen Fähigkeiten, sondern auch die Liebesleidenschaft als außergewöhnlich und groß beschrieben werden. Elias Alder erscheint nicht nur als

---

[31] Vgl. Lange-Eichbaum, Wilhelm: Das Genieproblem. Eine Einführung. 3. erg. Aufl. München/Basel 1951. S. 79: Mit „bionegativ" wird ein Begriff genannt, der von Lange-Eichbaum zum ersten Mal geprägt wird und alles umfaßt, „was *ungünstig abnorm* ist hinsichtlich der Lebensfunktionen und (oder) der Nachkommenschaft. Also Mißbildungen, Entwicklungshemmungen, ungünstige Variationen seelischer Anlage [...] und schließlich, als die extreme Unterabteilung, alles ausgesprochen Kränkliche oder Kranke".
[32] Lange-Eichbaum, Genie, S. 275.
[33] Lange-Eichbaum, Genie, S. 276.
[34] Lange-Eichbaum, Genie, S. 299.

ein Genie der Musik, sondern auch als eines der Liebe. Das Ausmaß der Größe von Elias verdeutlicht der Erzähler, indem er ihn in eine Reihe mit Sokrates, Jesus, Leonardo und Mozart stellt (vgl. SB 14). Daß er Elias als ein „Genie" im besonderen Sinne betrachtet, wird vollends deutlich, als er dessen Geburt als ein Wunder „der Mensch- und [...] der Geniewerdung" (SB 19) bezeichnet. Von Beginn an erwähnt er auch die Tragik dieses Genies, dessen Begabung sich weder würde „vollenden können" (SB 13), noch überhaupt von den Menschen begriffen werden würde (vgl. SB 20). Nur Peter ahnt, daß „dem Elias Großartiges gegeben war", er ist der einzige, „der das Genie dieses Menschen erkannte" (SB 44). Später wird Elias „der genialste Musiker [...], den das Vorarlbergische je hervorgebracht hat", genannt; er sei „ein Genius [...], der vermöge seiner musikalischen Intelligenz Dinge zu sagen hätte, welche die Musikgeschichte des 19. Jahrhunderts um ein Gewaltiges voranbringen" (SB 159) könnten.

Wichtigstes Moment der künstlerischen Fähigkeiten des Elias ist das überaus große Imitationstalent in Verbindung mit der Begabung, Imitiertes intuitiv weiterzuführen und zu verbessern. Hierbei dient ihm entweder die Natur als Vorbild (vgl. SB 55: „Er hatte das Gesetz der Schwerkraft entdeckt. Also suchte er seine Stimme auf diese Ordnung zu bringen...") oder aber das Orgelspiel anderer Menschen, etwa seines Onkels oder der anderen Wettbewerbskandidaten, welches er mittels „seines ungemein analytischen Gehörs" (SB 171) zerlegen, untersuchen, verstehen, benutzen und entwickeln kann. Elias entdeckt gewisse Besonderheiten und Begabung wie seine besondere Stimme und trainiert diese dann (vgl. SB 57: „[er] schliff unermüdlich am Klang seiner Stimme"). Sein Genie, seine außergewöhnliche musikalische Kunstfertigkeit, erreicht er nicht zuletzt „durch unermüdliches Üben" (SB 60). Getrieben wird er dabei von der „Sehnsucht seiner Ohren nach dem vollendeten Klang" (SB 70).

Elias ist kein einseitig begabtes Genie, also nur auf die Musik fixiert, der Erzähler berichtet von einem erstaunlichen Gedächtnis, einer großen Beschlagenheit beispielsweise „in den Dingen der Christenlehre", denen er mit „perlenden Gedanken" (SB 56) Ausdruck verleiht, so daß selbst der Kurat kaum folgen kann. Dieser möchte ihn sogar in die Jünglingskongregation nach Feldberg geben, was aber am Vater scheitert.

Der Erzähler gibt eine Definition dessen, was er für das „Wesen eines jeden Genies" hält, nämlich, „daß es Dinge mit großer Vollendung zuwege bringt, die es weder geschaut noch gehört hat" (SB 94f.). Elias ist ein derartiges Genie, denn unabhängig von den bisher beschriebenen Talenten, entdeckt er auch selbständig Elemente und Spielarten der Musik, ohne diese jemals gehört zu haben: „Und Elias hat niemals polyphone Musik gehört, denn Oskar Alder vermochte ja nur in [...] Akkorden zu präludieren." (SB 95) Er sucht und findet die große Musik, die er spielt, in seinem Inneren (vgl. SB 151: „Er ging in sich, lauschte...").

Das eigentliche „Wesen von Elias' Musik", ihre Besonderheit, ist für den Erzähler darin begründet, daß diese Musik „den Menschen bis auf das Innerste seiner Seele zu erschüttern" vermag (was seine Kompositionen betrifft, mit denen es ihm gelingt, zielgerichtet Emotionen und Bilder auf seine Zuhörer zu übertragen, muß man Elias eher als „Ausdruckstalent" - er hat also „die Fähigkeit, Seelisches so in Physik zu übersetzen, daß es bei andern wieder das gleiche Seelische hervorruft, daß es aus dem Physikalischen *verstanden* wird" -, denn als „Formtalent", mit der einzigen „Fähigkeit, etwas Aufgefaßtes irgendwie nachzumachen"[35], bezeichnen). Die Genialität seiner Werke liegt also in der Wirkung. Obwohl seine Musik „aus dem Schatz der klassischen Harmoniefindung" stammt, sei solches „in der Musik geleistet zu haben, [...] das Verdienst des Johannes Elias Alder". Diese gewaltige „Tonsprache" habe „kein Meister vor oder nach ihm" gefunden.[36] Fatal sei dabei, daß seine Kompositionen niemals aufgezeichnet wurden (vgl. SB 178f.).

Nach der Brandkatastrophe, während der Elias Elsbeth aus den Flammen rettet, kommt der Erzähler auf die eingangs erwähnte große Leidenschaft des Genies zurück. Elias liebt Elsbeth „mit einer Kraft und Leidenschaft, die ans Unmenschliche grenzt" (SB 95). Elias entscheidet sich für die Liebe „und somit gegen sein musikalisches Genie" (SB 96). Seine genialen musikalischen Fähigkeiten, seine „unmenschliche Weise zu musizieren" (SB 173), und die beinahe übermenschliche Leidenschaft, mit der er Elsbeth liebt, sind beide gottgegeben, Teil eines göttlichen Plans, den der Erzähler immer wieder betont. Zugleich aber schließen diese beiden verzehrenden Kräfte, die in Elias toben, sich gegenseitig aus. Musik und Liebe sind in so großem Maße in ihm, daß er nicht beide zugleich ausleben kann; die Tragik liegt dazu noch in dem Umstand, daß ihm aufgrund äußerer Einflüsse, selbst wenn er sich für eines, die Liebe oder die Musik, entscheiden würde, eine Erfüllung versagt bliebe - eben weil dies Teil „eines verschwenderischen Planes" (SB 95) ist. Elias stellt zwar sein Talent in den Dienst der Liebe - er musiziert also nicht, um durch die Inspiration der Liebe ein besonderes Kunstwerk zu schaffen, sondern er schafft ein besonderes Kunstwerk, um seine Liebe auszudrücken -, letztendlich begibt er

---

[35] Lange-Eichbaum, Genieproblem, S. 58.
[36] Vgl. Wackenroder, Werke, Bd. 1, S. 141: Auch Berglinger leidet darunter, niemanden zu finden, der aus seinen „Melodieen grade das herausfühlt, was ich [Berglinger] beim Niederschreiben empfand".

sich dadurch jedoch auf eine höhere Ebene, die von Elsbeth nicht erreicht oder geteilt werden kann.

Der Erzähler stellt das Genie Elias Alder in einem Punkt in die Tradition „der Großen dieser Welt": Zwar stehe er nicht grundsätzlich in einer Reihe mit ihnen - was der Aussage des Erzählers zu Beginn widerspricht (vgl. SB 14), aber ihm widerfahre „dasselbe Schicksal: Sterben wollte er" (SB 149).

Elias ist auch im oben skizzierten Kantschen Sinne ein Genie; er besitzt genau den „Geist", den Kant als das entscheidende Talent nennt (s.o.). Die Ursprünge seiner Kunst zeigen allerdings eine Mischform der von Kant geforderten Merkmale. So beruhen seine Werke in den Anfängen immer auf Nachahmung, allerdings findet er die eigentlichen Inhalte oder Phantasien „in sich", er hat die Regeln, mit denen er schließlich doch exemplarische Werke schafft, also innewohnen, kommt einem romantischen Ideal nahe. Letztlich kann Elias aber nicht erklären oder vermitteln, also „wissenschaftlich anzeigen", wie er seine Werke zustande bringt.

Hinsichtlich der von Lange-Eichbaum und Kurth betrachteten soziologischen Relation des Genies bleibt festzuhalten, daß Elias' Genie dieser entzogen ist. Seine Kunst stiftet nichts Bleibendes; dadurch, daß er keine Werke hinterläßt, ist ihm in dieser Hinsicht sogar die Existenzberechtigung als Künstler genommen. Er schafft nicht die Leistung, die ihm eine dauerhafte Verehrergemeinde einbringen könnte (und auch sein Wahnsinn ist nicht dergestalt, daß er damit nachhaltiges Aufsehen erregt).[37] Sein spurloses Verschwinden unterstreicht das von einer Verehrung und somit soziologischer Relation Losgelöstsein seines Genies.

---

[37] Im Roman findet sich bezüglich Verehrergemeinde lediglich eine Andeutung: „In Werdenberg [...] verlautbarten drei junge Hitzköpfe die Gründung eines 'Elias-Alder-Vereins', welcher es sich zur Aufgabe machen wolle, dem Musikanten ein ehernes Standbild zu schaffen." (SB 185)

3. Das Genie und Gott

„Gott, wie es schien, war noch nicht fertig mit ihm.
Gott war noch lange nicht fertig mit ihm."
(SB 39)

3.1 *Schlafes Bruder* - Eine Heiligenlegende?

3.1.1 Die religiöse Prägung

Schlafes Bruder wurde in Rezensionen eine „unfromme Heiligenlegende"[38] genannt, und das „furchtbare Hörerlebnis" (SB 39) wurde zum „religiös anmutenden Erweckungserlebnis"[39] stilisiert. Termini wie „Heiligenlegende" und „Erweckung" scheinen sich anzubieten, betrachtet man entscheidende Elemente des Romans, der stofflich tatsächlich eine starke religiöse Prägung hat: Johannes Elias Alder ist von Gott auserwählt und mit besonderer Begabung versehen. Im Zentrum der Geschichte - wie auch bei vielen Legenden - steht ein Wunder, nämlich das Hörwunder, welches ihm im zarten Alter von fünf Jahren zuteil wird. Schließlich hat Elias sogar eine Gotteserscheinung in der Dorfkirche. Der Gott in Robert Schneiders Roman lenkt Elias' Leben und Schicksal nach einem, wie es scheint, sehr grausamen Plan. Nicht zuletzt auch die Sprache des Erzählers, oftmals altertümlich, pathetisch und scheinbar moralisierend, trägt dazu bei, dem Werk einen getragenen Legendenton zu verleihen.

So scheint Elias, der „Teufel mit Augen gelb wie Kuhseiche" (SB 41), ein „Märtyrer" (SB 196) und womöglich ein Heiliger zu sein. Ob die Einordnung in den theologisch-literaturwissenschaftlichen Kontext der Legendenform einer genaueren Prüfung standhält und ob sich eine konzeptionelle Konsequenz diesbezüglich findet - diesen Fragen soll besonders in diesem Kapitel nachgegangen werden. Ebenso werden das elementare Verhältnis der Hauptfigur zu Gott und zur Religion sowie ihre Funktion im Roman untersucht. So wird das Religionsbild der Bergdörfler dargestellt, werden biblische Motive analysiert und die Zusammenhänge zwischen Liebe, Schlaf und Tod von theologischer Seite her betrachtet.

---

[38] Hackl, Erich: Legende vom schlaflosen Musiker. In: „Robert Schneider". Leipzig 1994. S. 6 [RECLAM LEIPZIG Verlagspublikation nach einem Artikel aus: Die Zeit (02. 10. 1992)].
[39] Doerry, Splittern, S. 256.

3.1.2 Definitionen von „Legende" und „Heiliger"

Wenn ein Roman wie *Schlafes Bruder* mit den Mitteln der Hagiographie, also der kritischen Beschäftigung mit der Geschichte und der Verehrung von Heiligen, untersucht werden soll, muß die wissenschaftliche Tradition der Gattung beachtet werden, um eine Einordnung bzw. Abgrenzung zu ermöglichen. Deshalb soll zunächst eine genauere Begriffsbestimmung von „Legende" und „Heiliger" vorgenommen und eine kurze Annäherung an die Legende als literarische Gattung gemacht werden.

Mit „Legende"[40] war ursprünglich die Lesung von Stücken aus der Vita eines Heiligen an seinem Festtag beim Gottesdienst oder der Klostermahlzeit gemeint; die Bezeichnung hat schließlich in den Bereichen Literatur und Religion die Bedeutung „Heiligenlegende" angenommen, meint also eine Erzählung, die den Lebenslauf eines Heiligen bzw. einzelne Episoden daraus beinhaltet und der theologisch-moralischen Erbauung und Lehre dient. Der Terminus hat im Lauf der Jahrhunderte gewisse Erweiterungen erfahren und wird mittlerweile auch auf Dichtungen mit wunderbaren, märchenhaften oder allegorisch zu lesenden Inhalten verwandt. Zur Definition und Gattungsgeschichte bleibt festzuhalten, daß

> „die abendländische Legende von Anfang an nur das Leben heiliger Personen und ihr Handeln als Menschen (wenn auch als von Gott begnadete Menschen) dargestellt [hat] und [...] deshalb wohl dem Wesen nach an die gläubige Verehrung der Heiligen gebunden [bleibt], wenn auch die Erzählform und Erzählart sich gewandelt hat. [...] Wenn statt eines schlichten Legendenberichtes die Romanform benutzt wird, wird sich meist eine psychologische Durchdringung ergeben und der Schluß wird zwar den Erweis eines heiligmäßigen Lebens erbringen können, aber nicht zur anbetenden Verehrung führen, wie es Aufgabe und Ziel echter Legende ist"[41].

Mit dieser engen Fassung des Terminus „Legende" werden Überschneidungen mit anderen Gattungen vermieden und das Charakteristische der Legendenform herausgestellt. Fälschlicherweise wird zum Beispiel oftmals die „Mirakelerzählung" mit der Heiligenlegende gleichgesetzt. Neben Wundern rechnete man den mittelalterlichen *miracula* auch „Exempel von Selbstverleugnung, Nächstenliebe, Prophetie, Vision und wunderbare Geistesbegabung durch Gott"[42] zu.

---

[40] In den Definitionen der Legenden-Forschung existiert nicht immer eine übereinstimmende Terminologie z. B. bei „Legende", „Mirakel" und „Sage"; die Arbeit richtet sich - soweit nicht anders kenntlich gemacht - nach den Definitionen von Hellmut Rosenfeld. Vgl.: Rosenfeld, Hellmut: Legende. 4. verb. u. verm. Aufl. Stuttgart 1982.
[41] Rosenfeld, Legende, S. 93.
[42] Rosenfeld, Legende, S. 25.

Angesichts des musikalischen Genies von Elias, des Wunders seines Hörens und der Offenbarung einer vorbestimmten Liebe wird man hier aufmerksam. Aus diesem Grund muß eingeschränkt werden, daß die Mirakelerzählung im Unterschied zur Legende von Wundern berichtet, die auf dem persönlichen Eingreifen eines nicht mehr auf Erden weilenden Heiligen ins irdische Geschehen beruhen. Es handelt sich bei diesen Wundern um Gebetserhörungen, die durch den Heiligen vollbracht werden.

Nach theologischer Definition wurde in den ersten christlichen Jahrhunderten zunächst jeder als Heiliger anerkannt, dem das Volk gläubige Verehrung entgegenbrachte. Der Begriff der *dulia*, der Verehrung der Heiligen, wurde - in Unterscheidung zur *latria*, der allein Gott zustehenden Anbetung - offiziell im 2. Konzil von Nicäa im Jahre 787 festgelegt.

Im Spätmittelalter wuchs die Rolle der Heiligen von bloßen Mittlern an zu den unmittelbaren Spendern des durch sie erbetenen Beistandes. Mitte des 16. Jahrhunderts bestätigte das Tridentinische Konzil die nutzbringende Macht der Heiligen, welche die Gebete der Menschen Gott darbrächten. Die erste Kanonisation durch den Papst datiert mit der Heiligsprechung des Bischofs Ulrich von Augsburg auf das Jahr 993. Was das Verfahren betrifft, geht dem Prozeß der Kanonisation noch die Stufe der Beatifikation, also der Seligsprechung, voraus, für die nachgewiesen werden muß,

> „daß der gesamte schriftliche Nachlaß des Betreffenden theologisch einwandfrei ist [...]; daß er die göttlichen und die Kardinaltugenden in 'heroischem' Maß geübt hat oder daß er Märtyrer ist, dh um des Glaubens willen getötet wurde und um seinetwillen die Tötung hinnahm; daß Gott auf seine Fürbitte hin mehrere [...] Wunder gewirkt hat; daß ihm bisher kein öffentlicher Kult erwiesen wurde. [...] Für die Heiligsprechung werden nach ordentlicher [...] Seligsprechung neue Wunder verlangt"[43].

3.1.3 Elias aus der Sicht des Erzählers: Genie *und* Heiliger?

Der Erzähler nennt Johannes Elias Alder immer wieder Genie (z. B. SB 19: „Wunder [...] der Geniewerdung"), spricht außerdem von dem Genie, das diesem gegeben sei (SB 44: „das Genie dieses Menschen") oder seinem „genialischen Orgelspiel" (SB 162), implizit nennt er ihn aber auch Heiliger, denn wenn er Jesus mit Sokrates, Leonardo und Mozart gleichstellt (SB 14) - und mitteilt, „Johannes Elias Alder war einer von diesen" (SB 14) -, mischt er geniales Künstlertum und Philosophie mit dem Inbegriff höchster Heiligkeit. Wörtlich gebraucht er den Begriff

---

[43] Barion, Hans: Heiligsprechung. In: Die Religion in Geschichte und Gegenwart. Tübingen 1959. Bd. 3. Sp. 176f.

„Heiliger" sogar für alle „Großen dieser Welt" (SB 149) und löst ihn somit aus dem rein religiösen Begriffsfeld, benutzt ihn als Ausdruck einer besonders herausragenden Begabung. Wenn er Elias plötzlich nicht mehr „in die Reihen dieser Heiligen" (SB 149) gestellt wissen will, so schreibt er ihm zwar offenkundige und großartige Talente zu, verweist aber gleichzeitig auf das unabänderliche Schicksal eines Menschen, der niemals wirklich aus seiner engen und unsensiblen Umwelt auszubrechen vermag.

Während der Erzähler die Termini „Genie", „Heilige" und die „Großen" relativ beliebig verwendet, ist hier - auch losgelöst vom literaturwissenschaftlichen und theologischen Zusammenhang - eine genauere Differenzierung angebracht, wie sie Géza Révész beispielsweise in einem begabungspsychologischen Aufsatz entwickelt. Er stellt die „Trias: *der geniale Mensch, der große Mensch und der Heilige*"[44] dar, wobei er diese wie folgt definiert: „Das Epitheton 'groß' bezieht sich in erster Linie auf die *Persönlichkeit* und auf die *personale Wirkung*, das Prädikat 'genial' dagegen auf das Werk, auf die *objektive Leistung*. Das Werk läßt sich vom Schöpfer trennen, nicht aber die Taten von den ausführenden Persönlichkeiten."[45] Die dritte Gruppe der Heiligen unterscheidet er von den großen Menschen dadurch, daß

> „die Einflußsphäre der großen Persönlichkeiten räumlich und zeitlich begrenzt ist, während die Heiligen an eine solche Beschränkung nicht gebunden sind und sozusagen die ganze Welt durch alle Zeiten beeinflussen. Heilige können auch nicht als eine Gruppe innerhalb der Genialen betrachtet werden, da das Schöpferische - eines der Hauptmerkmale des Genialen - nicht zu ihren wesentlichen Eigenschaften gehört"[46].

Nach dieser Einteilung - die nur eine von vielen darstellt, aber herangezogen wurde, um eine weitere Variante innerhalb der begrifflichen Vielfalt auf diesem Gebiet zu dokumentieren - wäre Elias also keinesfalls in der Nähe eines Heiligen einzuordnen, vielmehr bei den genialen Menschen. Und auch nach katholischem Kirchenrecht ist Johannes Elias Alder sicherlich kein Heiliger[47], doch ist er als in besonderem Maße von Gott begnadet zu sehen. Er vermag sogar auf wunderbar anmutende Weise durch Musik zu predigen (vgl. SB 175). Ähnlich wie die meisten Heiligen ist Elias allerdings ein eher naiver Auserwählter. Gott hat ihm zwar das Ausdrucksmittel

---

[44] Révész, Talent, S. 197.
[45] Révész, Talent, S. 195.
[46] Révész, Talent, S. 196.
[47] Selbst die klassischen Eigenschaften eines Heiligen, wie sie etwa in einer der großen Legendensammlungen *Legenda aurea* (ca. 1270) des Jacobus de Voragine (1230-1298) zu finden sind, treffen auf Elias bestenfalls in Ansätzen zu. Die für Heilige typischen Attribute und die Entwicklungsstufen einer repräsentativen Heiligenvita werden beschrieben in:
Nagy, Maria von/Nagy, N. Christoph de: Die Legenda aurea und ihr Verfasser Jacobus de Voragine. Bern/München 1971. S. 43 u. 47ff.

von geradezu hypnotischer Musik (vgl. SB 178) gegeben, doch Elias wirkt übermannt von seinen Kräften und von Gottes Macht. Zu untersuchen bleibt also, ob *Schlafes Bruder* nicht zumindest eine Variante der Heiligenlegende sein könnte, deren Protagonist zwar abseits jeder Kanonisation ist, aber dennoch in weitestem Sinne heiligmäßig lebt und stirbt.

3.1.4 Die Vita von Elias: Parallelen zu Heiligenleben, biblische Motive und Anspielungen im Roman

Gott begleitet schon Elias' Geburt in besonderem Maße: Das Kind wehrt sich gegen den Eintritt in die Welt, muß sich aber Gottes Willen beugen und wird gewaltsam, ohne Hilfe der Hebamme und mit gerissener Nabelschnur, geboren. Seine Macht, Leben zu schaffen, zeigt Gott erneut, als der Säugling erst in dem Moment zu atmen beginnt, als die Hebamme verzweifelt das „Tedeum" anstimmt. Diesen Zeitpunkt nennt der Erzähler „Mensch- und Geniewerdung" (SB 19), er spricht von einem doppeltem Wunder. Gottes Einfluß wird also von Beginn an herausgestellt und gegenwärtig gemacht. Es sei noch angemerkt, daß Elias' leiblicher Vater ein Mann der Kirche ist: Kurat Elias Benzer. Dieser Umstand ist sicherlich zunächst als ein augenzwinkernder Seitenhieb gegen das selbstangestimmte religiöse Pathos des Erzählers zu verstehen. Kurat Benzer nimmt seine Aufgabe als Hirte der Eschberger Weiblichkeit in bestimmter Hinsicht etwas zu genau und gibt somit alles andere als einen verantwortungsbewußten Gottesmann ab. Sein unehelicher Sohn wird im folgenden noch eine Vorliebe für schwarze Kleider entwickeln, sogar einmal „Pfaffenheuchler" (SB 94) geschimpft. So ist ihm ein Hang zum Priesterlichen wohl von väterlicher Seite mitgegeben.[48] Ironischerweise - bedenkt man das Ende seines Sohnes Elias - besitzt der Kurat im übrigen „einen fast eitel übertriebenen Hang zur Unsterblichkeit" (SB 28).

Ziehvater Seff spürt schon bei der Taufe, daß „mit dem Bub [etwas] falsch ist" (SB 29), und Kurat Benzer zeigt sich nicht in der Lage, den Namen seines Sohnes Johannes Elias mit ruhiger Hand ins Taufregister einzutragen. Unglücklicherweise stürzt er drei Tage später sogar vom Petrifelsen - vielleicht ereilte ihn die Strafe Gottes, weil er sich nicht als standhaft genug erwiesen hat? Jedenfalls sind die Geburt und die ersten Lebenswochen des Johannes Elias Alder bereits von merkwürdigen Vorzeichen überschattet, es wird ersichtlich, daß Gott Besonderes mit ihm vorhat.

---

[48] Vgl. darauf anspielende Passagen wie SB 140: Elsbeths Visionen; SB 119: Elias und das Verhältnis zu seinen Schülern; SB 133: „Der Vater beichtete dem Sohn".

Bei der Ermittlung von Anlehnungen an Heiligenlegenden ist als herausragende Stelle sicherlich das Hörwunder zu nennen und gesondert zu betrachten. Hier, im göttlichen Wunder, ist die Auserwähltheit des Kindes so fühlbar und eindringlich wie kaum sonst in der Geschichte - die Kindeserscheinung und das Feldberger Konzert einmal ausgenommen. Gottes Wunder kündigt sich zunächst „beinahe menschlich" (SB 33) an, der Junge folgt heiter dem Ruf des wasserverschliffenen Steins, „er wird machtvoll angezogen wie die Heilige Bernadette Soubirous von der 'Dame' bei Lourdes"[49]. Als er dann jedoch das „Universum tönen" (SB 34) hört, vollzieht sich nicht nur ein seine sinnliche Wahrnehmung veränderndes Wunder, sondern auch ein körperliches. Elias erlebt eine dauerhafte Bewußtseinserweiterung, und im gleichen Augenblick zeigt sich die wundersame Reife auch physisch: Elias pubertiert. Ein wichtiges Moment ist dabei die Gelbfärbung der Augen, die plötzlich geschieht, wie um das auserwählte Kind für alle sichtbar zu stigmatisieren. Die Außenseiterrolle von Elias wird durch dieses Merkmal noch vertieft.

> „In der Farbensymbolik gilt Gelb als eine Farbe mit übler Vorbedeutung, sie deutet auf Neid und Mißgunst hin (vgl. in diesem Zusammenhang SB 118: 'der Neid schläft nicht'), wird synonym mit 'böse' gebraucht. Da die Farbe Grün jedoch auch als Zeichen für Unreife gedeutet wird, unterstreicht der Wechsel der Augenfarbe sicherlich auch die rasche Reifung des Jungen zum Mann."[50]

Der Höhepunkt und zugleich letzte Klang des Hörwunders wird lebensbestimmend für Elias: Es ist der Herzschlag, „der ihm seit Ewigkeit vorbestimmt[en]" (SB 38) Geliebten, seiner noch ungeborenen Cousine Elsbeth. Als diese später geboren wird, erlebt Elias ein ähnliches Hochgefühl, ihm ist, „als schaute er das Paradies" (SB 52). Diese „Offenbarung" (SB 78) wird im Laufe der Geschichte dreimal zu einer gewissen Erfüllung kommen, nämlich immer dann, wenn Elsbeths Herz nahe an seinem schlägt; dies geschieht zweimal realiter und einmal in Elias musikalisch umgesetzter Erinnerung (vgl. SB 78, 140 und 177). Jedesmal führt die Erfüllung zu einem Erstarken der Liebe des Jungen, zeigt ihm den vermeintlich von Gott bestimmten Weg. Mit dem Hörwunder legt Gott Elias den Konflikt seines Lebens in den Schoß, nämlich einerseits um eine vorbestimmte, gottgewollte Liebe zu wissen und andererseits in einem musikalischen Universum leben und agieren zu müssen, das allen anderen Menschen unzugänglich bleiben wird - es sei denn, es tut sich ihnen durch Elias' Kompositionen auf.

Der fünfjährige Elias reift binnen Minuten über jedes Maß heran. Gemäß den Beschreibungen dieser Episode muß der Junge geradezu greisenhaft wirken: Seine

---

[49] Werner, Heiligenlegende, S. 109.
[50] Werner, Heiligenlegende, S. 109.

Zähne sind eingefallen, er bekommt eine Baßstimme, das Haar fällt ihm auf dem Hinterkopf „in großen Büscheln" (SB 39) aus - was auf eine zumindest angedeutete Mönchstonsur hinweist. In der katholischen Kirche war mit der Tonsur die Aufnahme in den Klerikerstand verbunden; „das Ausfallen der Haare, wie der Erzähler es beschreibt, könnte also durchaus als Anspielung auf eine Art Weihe des Elias gesehen werden"[51].

Mönchisch ist später auch sein Umgang mit der schnell gereiften Sexualität. Elias sieht nicht die Wollust der Frauen im Dorf, die „nach dem Ort seines übermäßig entwickelten Geschlechts" schielen (SB 54); tatsächlich begreift er ihre Blicke schlichtweg nicht. Es wäre allerdings unangebracht, von zölibatärem Verhalten zu sprechen, denn gerade in dem eher unbewußten Ausweichen vor Sexualität liegt der Unterschied zum Mönch. Natürlich unterstreicht diese Unschuld das reine, unverdorbene Herz von Elias[52]. Es dauert noch, bis er wohlüberlegt zwischen fleischlicher und seelischer Liebe unterscheidet (vgl. SB 108).

Kurz vor seinem elften Geburtstag kommt eine weitere außergewöhnliche Begabung ans Tageslicht: Elias lernt mit der Kopfstimme zu reden. Diese Begabung führt zu einem Umstand, der sofort an eine der bekanntesten Heiligenlegenden erinnert. Der Junge ist plötzlich in der Lage, mit den Tieren zu reden. Zunächst ahnt er noch nichts davon (SB 55), bald schon jedoch hält er Zwiesprache mit ihnen (SB 61). In den letzten Stunden seines Lebens sind es sogar die Tiere des Waldes, die seine „letzte Botschaft" (SB 197) vernehmen. Dieses Talent beinhaltet eine direkte Anspielung auf die Vita des Franziskus von Assisi, der gemäß der Legende zu einer Schar von Vögeln predigte und sich angeblich mit den Tieren verständigen konnte.

Es bleibt nicht bei dieser Fähigkeit: Elias trainiert seine Stimme und entdeckt ein weiteres Talent, seine hervorragende Imitationsgabe. Dies führt zu einer Passage, in der die Nähe zur Heiligenlegende wieder relativiert wird und der unterschwellige Vergleich von Elias mit Heiligen wie Franziskus von Assisi als Ironie entlarvt wird. Elias beobachtet den blinden Haintz, der Seff beim Zaunbau Land stehlen will, und gaukelt dem Verängstigten mit gespenstischer Stimme vor, er sei „der Prophet Elias" (SB 59). Die Begebenheit hat, abgesehen von der erstmals offensichtlichen Ironie und Direktheit der Anspielung auf Elias als „Heiliger", noch ein Nachspiel in den ehrgeizigen Plänen der Haintzin, welches das Gottesbild der Eschberger in lächerlicher Weise bloßstellt.

---

[51] Werner, Heiligenlegende, S. 110.
[52] Vgl. auch SB 53: „Daß Elias unverdorben blieb [...] ist allein dem Wesen seines Herzens zuzuschreiben. Es war gut."

Im Jahre 1815 tritt Elias in den Dienst der Kirche. Er wird nach dem tödlichen Unfall von Warmund Lamparter der neue Blasebalgtreter. Gott hat der Hauptfigur seines Plans auf grausame Weise einen neuen Platz in seiner Kirche angewiesen. Obwohl Elias sich als „ein unendlich geduldiger Diener" (SB 65) erweist, zeigen sich bereits in um so vehementerem Maße Neider und Mißgünstlinge, je näher Elias seiner Bestimmung, dem Platz an der Orgel, rückt. Weil er ahnt, wie unvollkommen seine eigene Musik daneben klingen muß, beschließt Elias' Onkel, der Organist Oskar Alder, seinem Neffen niemals das Orgelspiel beizubringen.[53] Elias muß - wie auch viele Heilige - unter den Ressentiments von Repräsentanten der Kirche leiden, welche sich angesichts dieses raschen Erlangens von offenkundig göttlicher Gnade ihrer eigenen Unvollkommenheit in allzu quälender Weise bewußt werden.

Daß das Medium, mittels dessen sich die Auserwähltheit Elias' zeigt, neben allen anderen Fähigkeiten in erster Linie sein unglaubliches musikalisches Talent, dieser Drang, sich in Kompositionen zu vermitteln, sein muß, ist nicht nur in Romankapiteln wie „Das Orgelfest" (SB 168ff.) zu lesen, in dem Elias den Zuhörern durch sein Orgelspiel den Himmel näher bringt, es wird vom Erzähler ebenso mit scheinbar nebensächlichen Einschüben verdeutlicht, wie etwa in der Episode seiner ersten Kompositionen: „Die Orgel mußte geheilt werden, und Elias beschloß, dafür Sorge zu tragen, daß die Orgel bald gesund würde. Er wolle nicht ruhen, flüsterte er mit sich, bis daß sie ihre Seele wiedergefunden habe" (SB 70). Was Elias bei der Orgel anstrebt, nämlich ihre „Seele" zu retten, hieße beim Menschen, das Werk eines wahrhaftig Heiligen zu vollbringen.

Die Orgel wurde besonders im Mittelalter - und mittelalterlich sind die Vorstellungen der Eschberger Bauern - mit der Verkündigung der göttlichen Wahrheit in Verbindung gebracht. Wenn Elias also bemüht ist, ein solches Instrument zu vervollkommnen, erweist er sich als Künder oder Verbreiter des Wortes Gottes. Während seiner Zeit als Schullehrer setzt er diesen Weg fort; Elias bemüht sich, die Kinder die Seele nicht nur im Menschen, sondern in allen Dingen begreifen zu machen (vgl. SB 119).

Zum ersten Mal tritt das Böse in geballter Form nach dem Ersten Feuer in Elias' Leben. Erschrocken und ungläubig muß er erleben, daß Peter der Brandstifter ist und überdies sein eigener Vater Seff der Rädelsführer der Mörder des Holzschnitzers. Obwohl seine Liebe zum Vater nun in Abscheu umzuschlagen beginnt, be-

---

[53] Oskar Alder - wie später auch Goller - ist als Gegenpol zum kreativen Künstler Elias entworfen, er beherrscht die Musik mehr schlecht als recht als Handwerk, ist lediglich bemüht, den herkömmlichen Regeln der Kirchenmusik zu folgen.

geht er keinen Verrat, doch neben der stillen Liebe zu Elsbeth entwickelt er neuerdings Haßgedanken gegen seine Familie (SB 91). Seine Seele hat einen Teil ihrer Unschuld verloren.

Elias' Talent, durch Musik zu predigen, zeigt sich erstmals am Ostermorgen im Jahre 1820. Weil sein Onkel Oskar Alder dem Alkohol verfallen ist und nicht zur Messe erscheint, spielt er an dessen Stelle die Orgel, und die Eschberger lauschen plötzlich einer Musik, die ihre Seelen „hochgestimmt" macht und ihre „sturen Gemüter lammfromm" (SB 115). Nun bricht für Elias eine Zeit des Glücks an, er wird Eschberger Organist und Schulleiter - allerdings wieder auf Kosten eines Menschenlebens, nämlich das Oskar Alders. Es dauert nicht lange, da melden sich bereits die Neider; Elias fühlt sich dessenungeachtet Gott und seiner Berufung nah. Schließlich jedoch wird dieser harmonische Zustand zerstört, die Liebe zu Elsbeth, welche er ihr nicht zu gestehen wagt und sie ohne Worte nicht zu erkennen vermag, zehrt an Elias „wie eine Krankheit" (SB 119). Selbst seine Musik leidet unter diesen Gefühlen. Bezeichnenderweise erwacht sein musikalischer Eifer erst wieder zur Passionszeit. So ist ihm das Leiden Christi geradezu ein „musikalisches Anliegen" (SB 120) - vielleicht ein Hinweis darauf, daß ihm selbst eine Leidenszeit vor dem Tode bestimmt ist?

Letztlich gibt aber Peter den Ausschlag zur Abwendung von Gott und Hinwendung zur Sünde. Er überredet Elias zu einem Streich gegen Burga Lamparter, die Dorfhure, und nutzt die Gelegenheit, sich seinem Cousin körperlich zu nähern (vgl. SB 123-130). Während des Streiches lästert Elias Gott, indem er mit verstellter Stimme einen Schwur auf alle Heiligen und die Verstorbenen leistet - „er hatte die Sünde entdeckt und fing an, sie auszukosten" (SB 130). Die Entdeckung der Sünde äußert sich auch in Elias' Orgelspiel, unvermittelt komponiert er dissonante Musik, die ihm, da sie unaufgelöst bleibt, verboten und sündig erscheint.

Der Höhepunkt seiner Glaubenskrise ist allerdings zu diesem Zeitpunkt noch nicht erreicht, denn seine Gedanken sind weiterhin erfüllt von der Liebe zu Elsbeth. Nach einem bereinigenden Gespräch mit seinem Vater Seff erlebt Elias sogar eine kurze „Zeit des Friedens" (SB 133). Wiederum ist es Peter, der den Anstoß zur entscheidenden Wendung in Elias' Krisis gibt, er berichtet ihm von Elsbeths Schwangerschaft. Elias schleicht nachts, übermannt von Leid und Hoffnungslosigkeit, in die Kirche und schreit „Gott in sich zu Tode" (SB 142); er glaubt, von Gott ein Leben lang getäuscht worden zu sein. Jetzt ist der Höhepunkt seiner Glaubenskrise, der Tiefpunkt seines Lebens erreicht. In einer zornigen Anklage verflucht er Gott, weil dieser das Böse erschaffen habe; Elias wirft ihm vor, ein Ungott und kein Gott der Liebe zu sein (vgl. SB 144).

Elias' schmerzerfüllte und wütende Anrufung Gottes (SB 143f.) klingt beinahe wie eine gesteigerte, selbstbewußtere und auch aus tieferer Enttäuschung und größerem Leiden herrührende Fortführung eines Gebets von Joseph Berglinger in den *Herzensergießungen*.⁵⁴ „Die Bitten Berglingers um Erlösung aus seiner zweifelvollen Lage [sind] in die Form negativer Fragen gefaßt [...], so daß sie gleichsam an sich selbst zu zweifeln scheinen."⁵⁵ Doch während Berglingers Konditionalsatz „Wenn Du mich nicht bald zu Dir errettest [...]!"⁵⁶ noch ein Ultimatum zu stellen scheint, hat Elias die Schwelle einer solchen ultimativen Bitte bzw. Aufforderung bereits überschritten. Er hat als Bittender resigniert und rettet sich in die Rolle des Kämpfenden, vom Passiven also ins Aktive. Berglingers dem Gebet vorangeschickte Frage: „Lieber Gott! ist denn d a s die Welt, wie sie ist?"⁵⁷ ist im Prinzip die Summe der Fragen und Feststellungen, die Elias ausruft (SB 143f.), mit dem Unterschied, daß Berglinger „keinen Ausweg"⁵⁸ findet, Elias diesen hingegen in der Konfrontation und Abwendung von Gott zu finden glaubt; er will sich gegen dessen Fügung auflehnen. Und während bei Berglinger „der Himmel ihm durch kein äußeres Zeichen seinen Willen verrät"⁵⁹, offenbart sich Gott Elias in Gestalt eines verletzten Kindes (SB 147), was in Anbetracht des negativen und gnadenlosen Gottesbildes, das Elias zuvor gezeichnet hat, als eindringlicher Kontrast nur folgerichtig scheint. In dem Moment, als Elias sich von Gott abwendet, verstößt dieser ihn nicht, sondern gewährt ihm das Erlebnis der Theophanie, der Sichtbarwerdung Gottes. Durch die Theophanie wird erneut die Erwähltheit des Elias betont; dabei ist belanglos, ob es sich um eine Halluzination oder eine objektiv reale Gotteserscheinung handelt, schließlich ist das Erlebnis für Elias Wirklichkeit und wird bestimmend für sein weiteres Leben.

Die Erscheinungsszene (SB 145-148) wirkt regelrecht süßlich und überladen. Der mächtige und zuvor äußerst hochstilisierte Gott erscheint dem Elias nun als kleines Kind, aufgrund dessen fehlenden Nabels er erkennt, wer sich ihm in der Kindesgestalt offenbart.

---

54 Vgl. Wackenroder, Werke, Bd. 1, S. 138.
55 Hertrich, Elmar: Joseph Berglinger. Eine Studie zu Wackenroders Musiker-Dichtung. Berlin 1969. S. 45.
56 Wackenroder, Werke, Bd. 1, S. 138.
57 Wackenroder, Werke, Bd. 1, S. 135.
58 Wackenroder, Werke, Bd. 1, S. 136.
59 Hertrich, Berglinger, S. 46.

Das Bild Gottes als Kind taucht auch in der romantischen Dichtung auf, so in Novalis' *Geistlichen Liedern*[60]. In einem religiösen Diskurs um Kind und Kindheit beschäftigt sich Yvonne-Patricia Alefeld mit diesem Themenkomplex und stellt fest: „Indem Novalis Gott ein Kind heißt, das der Dichter in Umkehrung der christlichen Heils- und Seinsordnung in das Offenbarungswerk einsetzt, enthüllt er sein beschädigtes und depotenziertes Gottesbild [...]."[61] Interessanter ist in diesem Zusammenhang aber vielleicht ein Kunstgriff, den Novalis in den *Hymnen an die Nacht*[62] vornimmt. Er identifiziert „den antiken Todesgenius mit Jesus", so „tritt sein erlösender Todesgenius nicht, wie in christlicher Tradition, als schauderhaftes Gerippe auf, sondern als das 'Wunderkinde'"[63] Das Kind als Ausdruck eines beschädigten Gottesbildes und als Anspielung auf den erlösenden Todesgenius ist auch der Theophanie-Szene in *Schlafes Bruder* nicht fern, wahrscheinlich aber muß man interpretatorisch gar nicht so weit in die Ferne schweifen, die oben genannte Deutung der Folgerichtigkeit einer Kindeserscheinung zur Abhebung vom vorherigen grausamen Gottesbild ist naheliegender.

Im Kapitel „Gott fürchtet den Elias" (SB 142-149) sind Andeutungen sowohl auf die Weihnachts- als auch auf die Passionsgeschichte enthalten, wobei der in der Bibel geschilderte Sinngehalt zuweilen spiegelbildlich verkehrt wird.

> „Wenn Elias ruft, es sei sein und nicht Gottes Wille, wenn er untergehe (SB 145), so ist dies eine Umkehrung der Worte Jesu am Ölberg (Lk 22,42), welche die Ergebenheit Jesu in den Plan Gottes verdeutlichen. Auch Elias' Ausruf „ich fürchte Dich nicht!" (SB 146) könnte man, gerade wegen seines Gebrauchs in Hinsicht auf das Kind, als Anspielung auf das „Fürchtet euch nicht" (Lk 2,10) des Engels von Betlehem interpretieren."[64]

Noch deutlicher sind Bezüge zur Leidensgeschichte Christi. Das Kind zeigt sich mit Verletzungen, die sofort an die Passion erinnern, etwa am Kopf, was augenscheinlich ein Hinweis auf die Dornenkrone ist. Es ist offensichtlich, daß das Kind leidet, und durch die Begegnung mit dem wunden Kind erfährt Elias eine Erlösung von seinen eigenen Leiden. Sein bisheriges negatives Gottesbild wird abgelöst von der

---

[60] Novalis: Schriften. Die Werke Friedrich von Hardenbergs. Begründet v. Paul Kluckhohn u. Richard Samuel. Hrsg. v. Richard Samuel in Zusammenarbeit mit Hans-Joachim Mähl u. Gerhard Schulz. Historisch-kritische Ausgabe in 4 Bänden, einem Materialienband u. einem Ergänzungsband mit neuem dichterischen Jugendnachlaß u. weiteren neu aufgetauchten Handschriften. Stuttgart, Berlin, Köln, Mainz 1960-1988. Bd. 1. S. 159-179.
[61] Alefeld, Yvonne-Patricia: Göttliche Kinder. Die Kindheitsideologie in der Romantik. Paderborn, München u.a. 1996. S. 112.
[62] Novalis, Schriften, Bd. 1, S. 130-158.
[63] Alefeld, Kinder, S. 121.
[64] Werner, Heiligenlegende, S. 115.

erfüllenden Begegnung mit einem mitleidenden Gott, und er fühlt sich glücklich und friedvoll. Obschon das Kapitel den Titel „Gott fürchtet den Elias" hat, bleibt etwas unklar, inwiefern Gott Elias fürchtet[65] - es sei denn, sein Erscheinen infolge der Klagen des Elias wird als eine Art Rechtfertigung gesehen -; im Grunde aber demonstriert Gott sehr eindrucksvoll seine Macht. Indem er sich Elias als verwundetes Kind zeigt, läßt er diesen seine wahre Größe erkennen, die eben in der Verletzlichkeit und nicht in der Erbarmungslosigkeit liegt. An dieser Stelle kann ein Bogen zur katholischen Theologie geschlagen werden, in der Anfang des 19. Jahrhunderts auch Ideen der Romantik aufgegriffen wurden; das dabei häufig dargestellte Verhältnis von Gott und Mensch scheint in der Erscheinungsszene anzuklingen. Es wird von Philipp Schäfer wie folgt beschrieben:

> „Der Mensch ist über sein Verhältnis zu Gott in Irrtum befangen. Dieser Irrtum ist Schuld und Sünde des Menschen. Im *Abfall* von Gott hat der Mensch seine Freiheit verspielt. Gott selbst muß in ihm die Erkenntnis Gottes wieder setzen und ihm die Freiheit wieder geben. Der Mensch aber findet nur in der freien Annahme seiner Abhängigkeit von Gott seine Würde und seine Freiheit. Nur im *Sein in Gott* und im Erkennen Gottes in Anschauung oder im *Gemüt* wird der Mensch wahrer Mensch."[66]

Elias möchte das Kind anfassen, doch dessen Körper reißt auf - Elias ahnt, „daß er das Kind nicht berühren durfte" (SB 148). Auch für diese Stelle findet sich eine biblische Entsprechung, die Passage der Begegnung des Mose mit Gott (Ex 33,18-23). So würde eine Berührung Gottes, nach der Elias sich sehnt, seinen Tod bedeuten, denn das Erfahren der absoluten „Schönheit" (SB 148; Ex 33,19) ist im irdischen Leben nicht zu ertragen. Elias erkennt von diesem Augenblick an die „Sinnlosigkeit allen Lebens" (SB 149) und will sterben.

Der Erscheinung folgen zwei Wunder oder „Zeichen" (SB 149): Elias' Augen färben sich wieder grün, und sein Vater Seff ist für eine halbe Stunde von seiner Lähmung erlöst, er kann plötzlich wieder sprechen. Dies erinnert an ein Vorbild in der Geburtsgeschichte Johannes des Täufers (Lk 1,5-66). Johannes' Vater Zacharias war von Gott mit Stummheit bestraft worden, und die Fähigkeit zu sprechen erlangte er erst nach der Geburt seines Sohnes wieder, in dem Augenblick, als er den Willen Gottes mit der Namensgebung des Johannes erfüllt. Mithin kann Elias' Er-

---

[65] In den Schilderungen des Erzählers wird häufig ein sehr menschenähnlicher Gott, der böse ist oder den es sogar „gereute" (SB 160), was er Elias angetan hat, dargestellt. Der Erzähler gibt vor, Gottes Pläne zu verstehen, ist in seiner Erzählwelt also selbst eine Art allwissender Gott. Dazu paßt auch die Äußerung, daß Gott sich vor Elias fürchte.

[66] Schäfer, Philipp. Der Weg der Auseinandersetzung mit dem Rationalismus der Aufklärung zum Verständnis der Kirche als lebendige Gemeinschaft. Ein Beitrag der katholischen Theologie zur Romantik. In: Brinkmann, Richard (Hg.): Romantik in Deutschland. Ein interdisziplinäres Symposion. Stuttgart 1978. S. 476.

lebnis in der Kirche - wenn man berücksichtigt, daß er seine ursprüngliche Augenfarbe wiedererlangt - als eine Art zweite Geburt bezeichnet werden. Novalis' hat seiner Figur des Heinrich von Ofterdingen im gleichnamigen Roman nicht nur Züge von Jesus gegeben, im *Ofterdingen* ist wie in *Schlafes Bruder* neben anderen auch die Anspielung auf diese Lukas-Passage zu finden:[67] In „versteckterer Form verweist der Traum des Vaters auf die biblische Geschichte um Johannes den Täufer. [...] Indem so die Initiation und die Berufung des werdenden Dichters mit den Insignien einer messianischen Sendung versehen werden [...], ist dem Weg des Dichters von vornherein eine Weihe gegeben, die ihn vor allen anderen Menschen auszeichnet"[68]. In *Schlafes Bruder* erfolgt eine Anspielung auf Johannes den Täufer bereits durch Elias' Geburt an „Johannis 1803" (SB 14), dem Tag des Johannisfestes, einer „auf Christus als Sonnengott bezogenen Sonnenwendfeier, der das Weihnachtsfest korrespondiert"[69]. Wie in dem Verweis auf die Lukas-Passage ist in dieser Anspielung einer von mehreren Hinweisen im Roman zu sehen, die Elias messianische Züge verleihen sollen.

Das Erlebnis in der Dorfgeschichte führt dazu, daß Elias sich endlich „erlöst" fühlt (SB 149); wie es scheint, hat Gott ihn von der sehnsüchtigen Liebe zu Elsbeth befreit. Aber das Erlösungsgefühl ist - wie sich zeigen wird - nicht von Dauer, vielmehr hadert Elias sehr bald mit seinem Schicksal. Er leidet nun darunter, nicht mehr fähig zum Lieben zu sein. Weil er sich letztlich nicht wirklich befreit fühlt, verfällt er einer „krankhafte[n] Vergangenheitssucht" (SB 160) und der Entschluß, seinem Leben ein Ende zu setzen, reift in ihm heran.

Nach dem großen Triumph in Feldberg, der zumindest andeutet, welches großartige Echo Elias' Genie außerhalb der beschränkten Eschberger Bauernwelt hätte finden können, wenn ihm nicht ein anderes Schicksal bestimmt gewesen wäre, verläßt Elias mit Peter Feldberg. Für den Heimweg wählt er das Bachbett der Emmer - „ein alter, schmerzensreicher Weg" (SB 187), seine „via dolorosa". Diese Wahl läßt vermuten, daß er vor seinem Tod noch einmal eine Art Bußgang absolvieren, sich durch den mühsamen Weg auf die Leiden seines Todes vorbereiten will. Elias sucht den Ort auf, von dem er glaubt, „daß man von diesem Punkt in den Himmel kömmt" (SB 109), den Platz mit dem wasserverschliffenen Stein. Diesen Platz, „an

---

[67] Novalis, Schriften, Bd. 1, S. 200-202.
[68] Leroy, Robert/Pastor, Eckart: Die Initiation des romantischen Dichters. Der Anfang von Novalis' *Heinrich von Ofterdingen*. In: Ribbat, Ernst (Hg.): Romantik. Ein literaturwissenschaftliches Studienbuch. Königstein/Taunus 1979. S. 41.
[69] Frizen, Werner: Patrick Süskind, Das Parfum: Interpretation von Werner Frizen und Marilies Spancken. München 1996. S. 109.

welchem alles begonnen hatte und an welchem nun alles enden sollte" (SB 189), hat er logischerweise ausgewählt, um ewige Seligkeit und ewige Liebe zu erlangen. Hier läßt sich eine interessante Parallele zur romantischen Dichtung aufzeigen, eine Parallele zum Ort der Initiation: In der romantischen Dichtung ist die

> „Initiation [...] generell ein Übergangsritual, das den Eintritt in einen neuen Lebensstand bedeutet. [...] Als Übergang ist die Initiation [beispielsweise in Novalis' *Ofterdingen*] an dem Ort angesiedelt, der für alle romantische Dichtung am bedeutsamsten ist: an der Schwelle zwischen dem 'Endlichen' und dem 'Unendlichen' in seiner jeweils umfassendsten, nämlich räumlich wie zeitlichen wie seelischen, Bedeutung. Da es die doppelte Funktion der Schwelle ist, sowohl zu trennen wie zu vermitteln, erlebt das romantische Gemüt an diesem Ort sowohl Trennungsschmerz wie Hoffnung. Beides wiederum verbindet sich im Gefühl der Sehnsucht [...]"[70].

Elias selbst nennt den Ort seiner Initiation, wie erwähnt, einen Punkt, von dem man „in den Himmel kömmt" (SB 109), also eine ebensolche Schwelle zwischen dem Endlichen und Unendlichen.

Elias beginnt mit einem Schlafentzug, von dem er sich Erlösung verspricht. Im Verlaufe dieses Vorhabens wandert er drei Tage und drei Nächte auf den höchsten Berg der Gegend. Auch sein Namenspatron, der Prophet Elias, wanderte zum Berge Horeb, wo ihm Gott erschien [1 Kön 19,8-14]; der Prophet erfährt auf dem Berg Horeb, daß sein Gott kein Gott der Gewalt ist, sondern sich vielmehr als ein „sanftes, leises Säuseln" offenbart. Vielleicht glaubt Elias Alder, Gott auf dem Berg näher zu sein, eine Bestärkung zu erfahren und Bestätigung für sein Kirchenerlebnis zu bekommen. Jedenfalls bleibt Elias nach der Wanderung bei seinem Plan und befiehlt Peter, ihn an den Stamm einer jungen Esche zu binden. „Im Volksglauben zählt zu den apotropäischen, also Unheil abwendenden Eigenschaften der Esche, daß diese giftwidrig sei, daß einem Menschen im Schatten einer Esche Gift nichts anhaben könne. Elias' schleichende Vergiftung indes verhindert die junge Esche nicht."[71]

Bei der Beschreibung des siebten Tages ohne Schlaf nennt der Erzähler Elias zum ersten Mal „Märtyrer" (SB 196), womit er natürlich eine gewisse Kategorisierung vornimmt. Der „Martyrer", häufig „Prototyp des Heiligen"[72] genannt, ist ein Mensch, der in außergewöhnlicher Weise Zeugnis gibt von Tod und Auferstehung Jesu. Damit ist im engeren Sinne der gemeint, der sein Leben für Christus, in der Verteidigung seines Glaubens, der Rechte und Einheit der Kirche, des Sakramentsgeheimnisses oder für eine christliche Tugend geopfert hat. Um des Glaubens wil-

---

[70] Pikulik, Frühromantik, S. 222f.
[71] Werner, Heiligenlegende, S. 119.
[72] Richolet, Gaston: Kirche, deine Heiligen. Würzburg 1970. S. 20.

len wird der Tod akzeptiert und erduldet. Johannes Elias Alder opfert sich um der Liebe und der Hoffnung auf ewige Seligkeit willen. Weil er Gottes Willen erfüllen will, nimmt er die Leiden des Schlafentzugs mit all seinen Folgen auf sich. Sein von ihm selbst herbeigeführtes Sterben ist in streng kirchenrechtlichem Sinne sicherlich kein Martyrium, dennoch ist eines der zentralen Motive des Romans - sein Dasein als verkanntes, in Isolation und Lieblosigkeit aufwachsendes Genie - sicherlich als eine Art Martyrium aufzufassen. Im Verlaufe der siebten Nacht stirbt Elias an Atemlähmung. Er kann - anders als sein Namensvetter Johannes der Evangelist - nicht ohne Schaden vom Gift kosten. „Gott war fertig mit ihm." (SB 198). Dieser Satz nimmt die Bemerkungen auf, die vom Erzähler im Verlauf der Geschichte gemacht wurden, um die Lenkung von Elias' Schicksal zu verdeutlichen: „Gott war noch lange nicht fertig mit ihm." (vgl. SB 39 u. 78) Diese Bemerkungen und die ausdrückliche Betonung des Todes durch Atemlähmung „aufgrund des überdosierten Genusses der Tollkirsche" (SB 198) - nicht etwa aufgrund des eigentlichen Schlafentzugs - machen deutlich, daß es sich nicht um einen Selbstmord im herkömmlichen Sinne handelt.[73] Schließlich war eines der wesentlichen Ziele von Elias, ein erlöstes, ewiges Leben zu führen; jedenfalls fehlt dieser Selbsttötung zumindest der sündhafte Aspekt einer Flucht vor Verantwortung.

Durch den Tod seines geliebten Elias kommt es zu einer positiven Charakterwandlung bei Peter, er wird regelrecht „geläutert" (SB 201). Der Sadist und Menschenfeind findet „wie durch ein Damaskus-Erlebnis" (SB 201) wieder Zugang zu Mensch und Tier; Peter wird, gerade angesichts des Vergleichs mit dem Apostel Paulus, regelrecht zum besseren, christlichen Menschen bekehrt. Elias' Tod bekommt also einen Sinn unabhängig von den eigentlichen Zielsetzungen, er bedeutet einen Sieg Gottes.

Im abschließenden Epilog besucht Elsbeth mit ihren Kindern neun Jahre nach Elias' Tod die Stätte des Hörwunders am Bachbett der Emmer. Es zeigt sich, daß der große Stein von einem Unwetter fortgerissen worden ist, keine greifbare Erinnerung - keine Reliquie im weiteren Sinne - an Elias bleibt zurück; einzig in Elsbeths Andenken und ihren Erzählungen lebt er fort.[74] Der Leser weiß allerdings, daß mit

---

[73] Zwar stirbt Elias am Gift; dieses hat er jedoch nicht als todbringende Substanz gesehen, sondern als stimulierendes, aufputschendes Mittel.

[74] Moritz sieht in dieser Stelle eine Anspielung auf die Auferstehung: „Wie Maria Magdalena am Ostermorgen den Stein vom Grabe Jesu nicht mehr vorfindet", finde auch die Lukasin den Stein im Fluß nicht mehr. Die Lukasin „bewahrt die Hoffnung auf Elias' Weiterleben" (Moritz, Rainer: Nichts Halbherziges. *Schlafes Bruder*: das (Un-) Erklärliche eines Erfolges. In: Moritz, Rainer (Hg.): Über „Schlafes Bruder". Materialien zu Robert Schneiders Roman. 2. durchges. Aufl. Leipzig 1996. S. 28).

Cosmas - dessen Schicksal im „letzten Kapitel" des Romananfangs geschildert wird - auch die letzte Erinnerung an Elias sterben wird, was bezüglich der Legendenhaftigkeit des Romans natürlich bedeutet, daß das für eine Legende erforderliche Element der bleibenden Verehrung vollkommen fehlt.

Abschließend bleibt bezüglich der Nähe zur Legende festzuhalten, daß Elias' Lebensbeschreibung nicht nur von Anspielungen auf Heiligenleben geprägt ist, sondern stellenweise geradezu messianische Züge hat. Als auffällig zu nennen wäre hier beispielsweise die kurze „Predigt", welche Elias Peter hält (vgl. SB 118: „Was müssen die armen Menschen..."). Diese Ansprache weist in Tonfall und Wortwahl offenkundige Entsprechungen mit Worten Jesu im Evangelium auf.[75] Der Gedanke von Christus als dem Erlöser spiegelt sich wieder in Peters letztlicher Wandlung zum Guten, in seiner Erlösung vom Haß, die direkt auf das Erleben von Elias' Tod zurückzuführen ist.

Vergleicht man nun die eingangs beschriebenen Definitionen und Ergebnisse zum Themenkomplex „Legende" mit den bisher beschriebenen Details der Vita von Johannes Elias Alder, zeigt sich, daß *Schlafes Bruder* nicht mit einer Heiligenlegende im strengeren Sinne gleich- oder parallelzusetzen ist. Der Erzähler rückt sein Genie zwar in die Nähe eines Heiligen, meint aber nicht das Heiligmäßige im strengeren, „klassischen" Sinne, also Elias als einen christlichen Heiligen. Das Genie in *Schlafes Bruder* ist vom Erzähler als „heilig" dargestellt im Sinne einer Erwähltheit durch Gott, die sehr wohl negative Substanz haben kann und keinerlei Verehrung oder ähnliches nach sich zieht. Der Roman zeigt Gott und seine Heiligen sowohl ironisch reflektiert als auch dramatisch erhöht. Elias' beispiellose Begabung in Verbindung mit geheimnisvollen körperlichen Veränderungen, das zentrale Wunder und auch die eindringliche Gegenwart Gottes - all das reicht nicht für eine gattungsspezifische Einordnung aus. Es lassen sich zwar durchweg biblische Bezüge und Anklänge an Heiligenlegenden finden, eine konsequente Linie ist jedoch nirgends auszumachen, statt dessen bleibt es bei einem ironischen Spiel mit Versatzstücken, einer Mischung von Verweisen und Andeutungen, religiösen Topoi und hagiographischen Anspielungen. Da - von den ironischen Momenten des Romans einmal abgesehen - das grundsätzliche, den Inhalt stellenweise unterstreichende Pathos unreflektiert bleibt, wäre selbst die Bezeichnung „Legenden-Parodie" falsch. Im Gegenteil, der Erzähler schränkt statt dessen eine übersteigerte Szene wie die Kindes-

---

[75] Vgl. Mt 25,13: „Denn ihr wißt weder den Tag noch die Stunde." o. Mk 9,42: „Wer einen von diesen Kleinen...". Dazu SB 118: „bis daß Gott ihnen den Ort und die Stunde anzeigt"; „Diese Kleinen".

erscheinung in einer kurzen Anmerkung ein, in der er alles eventuell Elias' „grell halluzinierende[m] Geist" (SB 145) zuschreibt.

3.1.5 Liebe, Schlaf und Tod - eine theologische Annäherung

Im folgenden dagegen soll eine Annäherung an den Komplex Liebe, Schlaf und Tod aus theologischen Zusammenhängen heraus vorgenommen werden, denn *Schlafes Bruder* ist ein Buch, „das in nuce, genauer: sub contrario eine ganze Theologie des Schlafes enthält"[76].

Eine Verbindung von Liebe, Schlaf und Tod besteht schon in der griechischen und römischen Götterwelt. Neben Thanatos, dem Todesgott, gibt es noch eine „andere Gottheit, mit der Hypnos/Somnus [der Gott des Schlafs] gelegentlich nahezu identifiziert werden kann"[77]: den Liebesgott Eros/Amor. „Hypnos' Walten sind Menschen wie Götter ausgeliefert, aber das Gleiche gilt ja auch für Eros [...]. Hypnos kann unmittelbar als 'Liebeshelfer' agieren [...]."[78]

Im Mythos und den Themen antiker Literatur und Bildniskunst spiegelt sich häufig die Dialektik von Liebe und Tod als den beiden Seiten derselben Macht wider, stellt Georg Wöhrle in seiner Untersuchung über den Hypnos-Mythos fest. „Aber auch die Beziehungen zwischen allen drei 'Seinsweisen' oder Erfahrungen, Schlaf, Tod und Liebe, die wie Naturgewalten das menschliche Leben betreffen und denen der Mensch sich nicht willentlich entziehen kann, werden thematisiert."[79] In der künstlerischen Deutung sei jedenfalls eine im Mythos faßbare Dreiheit von Hypnos, Thanatos und Eros im Sinne eines Symbols für die Hoffnung auf Wiedergeburt oder Weiterleben verstanden worden. Wöhrle erwähnt den Schlaf auch als „Bild für den durch die Liebe zu überwindenden Tod"[80], das in antiker Literatur auftauche.

Gleichermaßen beruht Elias' bzw. des Schaupredigers (vgl. SB 101ff.) negatives Bild des Schlafes auf einer langen Tradition. Schon in Platons *Staat* werde der Tod als Schlaf im Sinne einer wesensmäßigen Untätigkeit behandelt, schreibt Wöhrle. „Wer sich nicht der dialektischen Suche nach dem Guten aussetzt, der verträumt und

---

[76] Körtner, Ulrich H. J.: Liebe, Schlaf und Tod. Ein theologischer Versuch zu Robert Schneiders Roman *Schlafes Bruder*. In: Moritz, Rainer (Hg.): Über „Schlafes Bruder". Materialien zu Robert Schneiders Roman. 2. durchges. Aufl. Leipzig 1996. S. 93.
[77] Wöhrle, Georg: Hypnos, der Allbezwinger. Eine Studie zum literarischen Bild des Schlafs in der griechischen Antike. Stuttgart 1995. S. 35.
[78] Wöhrle, Hypnos, S. 35.
[79] Wöhrle, Hypnos, S. 38.
[80] Wöhrle, Hypnos, S. 41.

verschläft sein Leben und gelangt, ohne je zu erwachen, in den Hades, um dort völlig in den Schlaf zu sinken. Wirkliche Erkenntnis bedeutet Wachen, dem die bloße Meinung des Träumenden gegenübersteht."[81]

Nach dem Orgelwettbewerb in Feldberg scheint Elias verrückt geworden zu sein, er befindet sich in einem entrückten Zustand und will schlaflos sitzen „bis zum Jüngsten Tag" (SB 190). Allerdings ist seinen Äußerungen zu entnehmen, daß er im Grunde nicht seinen Selbstmord inszenieren will, ihm ist am Gegenteil gelegen: So will er „sein Leben wach und neu" (SB 192) leben. Ihm sei in Erinnerung an den Schauprediger die Erkenntnis gekommen, Gott habe ihm Elsbeth verweigert, weil er nur halbherzig geliebt habe, denn wer schlafe, könne nicht lieben, erklärt er Peter. Da man die Zeit des Schlafs verschwende, sei der Schlaf eine Sünde. Elias sieht den Schlafentzug, den er durch pflanzliche Rauschmittel unterstützen will, also als eine Art Läuterungs- und Wandlungsprozeß an, mittels dessen er die Liebe Elsbeths und die „Gewißheit der ewigen Seligkeit im Himmel" (SB 192) erlangen will.

Mit der endlich wahrhaftig gelebten Liebe zu Elsbeth glaubt Elias, den Willen Gottes zu erfüllen, endlich vermeint er, dessen Plan zu erkennen. Das Problem der Theodizee, also der Rechtfertigung Gottes hinsichtlich des von diesem zugelassenen Bösen und Üblen in der Welt, das sich ihm bei seiner Anklage gegen Gott in der Kirche gestellt hat (vgl. SB 143: „Wenn Du aber vollkommenn bist und gut, weshalb mußtest Du das Elend, die Sünde und den Schmerz erschaffen?"), löst er zumindest für seinen individuellen Fall.

Ulrich Körtner untersucht den Themenkomplex in *Schlafes Bruder* und geht dabei von der durch Elias vertretenen Position aus, „Liebe, Schlaf und Tod [bilden] eine Antithese", denn wahrhaftige „Liebe ist stark wie der Tod, so daß kein Schlaf sie überwältigen kann. Wer aber schläft, verrät die Liebe, übt Verrat an dem Menschen, welchen er liebt, wie an Gott"[82].

Dabei stellt sich die Frage, ob Elias - wenn Jesus der größte Liebende ist, aber auf dem See Genezareth schläft, während seine Jünger in einem Sturm bangen -, ob Elias dementsprechend größer als Jesus ist. Diese Eingangsfrage läßt sich auflösen: „Für Christus bilden Liebe und Schlaf keinen Gegensatz", Schlaf ist vielmehr als

---

[81] Wöhrle, Hypnos, S. 68.
[82] Körtner, Liebe, S. 93.

"Ausdruck von Liebe, Glauben und Hoffnung" zu verstehen; so wirkt der im Boot schlafende Christus als "Urbild und Vorbild des Glaubens"[83].

In Körtners Arbeit ist ein weiterer interessanter Ansatz zu finden, ein Vergleich von Elias mit den radikalen Asketen der Euchiten. Die Euchiten oder Messalianer, auch "die Beter" genannt, waren eine Bewegung des östlichen Mönchstums in Syrien und Kleinasien im 4. Jahrhundert, die den äußeren Gottesdienst verwarf.

> "Nach der Lehre der Messalianer [...] hauste im Menschen von seiner Geburt an ein Dämon, der nur durch ständiges Gebet vertrieben werden konnte. Diese frühchristlichen Asketen nahmen den Satz Jesu, wonach die Jünger ohne Unterlaß beten sollten, wörtlich und suchten sich im Schlaf zu hindern. Ermäßigt wurde das euchitische Prinzip in den Klöstern der Akoimiten, deren Mönche einander im ewigen Gebet ablösten."[84]

Die Verquickung von Schlaf, Tod und ewiger Seligkeit, die Schneider in seinem Roman thematisiert, baut also ebenfalls, wie die Verbindung von Liebe, Schlaf und Tod, auf einer gewissen Tradition auf, hat einen religionsgeschichtlichen Hintergrund.

Ein kurzer Blick muß vielleicht noch auf den Zustand des Rauschs getan werden, den Elias sucht, um Erlösung, aber auch eine Art Vollendung zu finden. Er entrückt sich durch die berauschenden Pflanzen der Welt; Rausch bedeutet also auch bei ihm "Flucht aus der Wirklichkeit des alltäglichen Ich, das nüchtern und klar, verständig und vernünftig die Umwelt abbildet. Der Berauschte ist 'selig',"[85]. Ein Zustand der im Zusammenhang mit der Pathographie[86] des Genies, wie sie Wilhelm Lange-Eichbaum und Wolfram Kurth analysiert haben, nicht ohne Bedeutung ist. Elias steigert sich mit den Tollkirschen und Stechäpfeln in eine Art Ekstase, die vor dem Hintergrund der *unio mystica,* nach der auch Elias strebt, wohl am ehesten

---

[83] Körtner, Liebe, S. 98. In Bibelpassagen wie Ps 127,1f. oder Ps 4,9 wird der Schlaf in diesem Sinne erwähnt.
Leider nimmt Körtners Aufsatz zum Schluß hin einen predigthaften Charakter an und verläßt das Gebiet der literarischen Auseinandersetzung mit einem fest umrissenen Stoff. So unterstelle Alder, daß die Liebe primär ein Tun sei und nicht "ein Sein, das in Gott seinen Grund hat"; er habe "die Verheißung, wonach das Sein der Liebe niemals aufhört, in einen unmenschlichen moralischen Appell verkehrt. Solche Perversion der Verheißung aber ist die Signatur unserer Zeit"(Körtner, Liebe, S. 99). Viel wichtiger ist wohl, daß Elias gerade in diesem Teil des Romans verstärkt christologische Züge erhält, wenn er etwa an einen Baum gefesselt ist wie Christus ans Kreuz.
[84] Körtner, Liebe, S. 95.
[85] Lange-Eichbaum, Genie, S. 207.
[86] Vgl. Lange-Eichbaum, Genieproblem, S. 79: "Pathographie" bezeichnet nach Lange-Eichbaum die Krankheitsgeschichte eines Berühmten.

mit der „stillen, ruhigen Ekstase der Mystiker"[87] zu vergleichen ist: Im Zentrum deren Rauschs steht wie auch bei Elias der Wunsch, „das Ich aufzulösen durch eine derartige Ausweitung, daß es mit Gott oder All eins wird, verschmilzt. Diese 'Einung' bildet schließlich den Kern aller mystischen Erlebnisse. [...] Die Körperempfindungen sind in der Ekstase unlustvoll im Sinne einer Schwächung, oft als Gefühl des Sterbenwollens, des baldigen Todes beschrieben". Mit dieser Ekstase verwandt ist die Erleuchtung, der „fast immer Zweifel, Sündengefühl, ein Gefühl der Unvollkommenheit, der Insuffizienz, also ein Zustand neurotischer Spannung [, vorangehen]. Die 'Erleuchtung' bringt dann sofort hohes Glücksgefühl, Begnadigungsgefühl mit sich; das Ich fühlt sich wie neugeboren. [...] Eine Veränderung des Ich und seines Bewußtseins wird oft durch Fasten, Erschöpfung, Einsamkeit usw. erreicht"[88]. Die Umstände von Elias' Tod lassen sich in diese Zusammenhänge von stiller Ekstase im Rausch, Sündengefühl und Veränderungswillen des Ichs durch Fasten und Schlafentzug einordnen, und da „allen diesen psychischen Ausnahmezuständen [...] die numinose Wirkung [gemeinsam ist]"[89], ist hier sicherlich einer der Gründe zu finden, weshalb *Schlafes Bruder* stellenweise legendenhaft wirkt. Und was die Leserwirkung betrifft, kann man sich Lange-Eichbaum und Kurth nur mit einem Augenzwinkern anschließen: Eine „gut gestaltete Vergiftung bringt Ruhm, kann zum Genie erhöhen"[90].

3.2 Religion und Heiligenverehrung in Eschberg

Eine nähere Betrachtung des Gottesbildes der Eschberger Bauern zeigt, daß dieses einer sehr strengen gerichtstheologischen Sichtweise entspringt, ihr Glauben hat eine sehr negative Prägung[91]. Hintergründe einer derartigen Religionsauffassung sind etwa in kirchlichen Schriften, die bis weit ins 20. Jahrhundert hinein für Gläubige verbindlich waren, zu finden; zum Beispiel in einer Sequenz, also einem liturgischen Zwischengesang, der „Choralmesse für die Verstorbenen". Hier wird Gott als „rex tremendae majestatis"[92] genannt, was frei übersetzt bedeutet „König einer Größe (Erhabenheit, Würde), die erzittern läßt"; er erscheint als strenger Richter,

---

[87] Lange-Eichbaum, Genie, S. 208.
[88] Lange-Eichbaum, Genie, S. 210f.
[89] Lange-Eichbaum, Genie, S. 211.
[90] Lange-Eichbaum, Genie, S. 279.
[91] Vgl. z. B. SB 150: „[...] nicht einmal die Hochzeit [darf] ein Freudentag sein [...], weil durch die Freude die Sünde in die Welt gekommen sei. Tatsächlich schien Schwarz der gebührende Ton für damalige Hochzeiten. Selten wurde aus Liebe Hochzeit gehalten."
[92] Gebet- und Gesangbuch für das Erzbistum Köln. Köln 1949. S. 639. Diese Sequenz ist auch in Gesangbüchern anderer Bistümer zu finden.

und der Mensch muß um seine Gnade flehen. Das schreckliche Gericht, dem jeder Mensch unterworfen sein wird, wird in dieser Sequenz heraufbeschworen. Die Eschberger setzen sich offenkundig wenig mit der zentralen christlichen Liebes- und Erlösungslehre auseinander, verehren nicht den verzeihenden und gütigen Gott, sondern den strafenden und zürnenden; sie sehen ihren Gott mit Furcht, auch von „Feindseligkeit" (SB 93) ist die Rede. Von seiten der Kirche ist kaum eine Steuerung des religiösen Lebens im Dorf zu erwarten - zumal die Eschberger es nicht gewohnt sind, „im Gottesdienst das alleräußerste zu geben" (SB 115), wie der Erzähler ironisch anmerkt. Wenn ein Versuch unternommen wird, endet er unweigerlich in einer Katastrophe (vgl. z. B. SB 25: die „Feuerpredigt" und ihre Folgen). Daß eine Vermittlung des Glaubens kaum stattfindet, wird beispielsweise ersichtlich aus der Floskel „siket erat et prinzipus in nunk und semper" (vgl. SB 99 o. 118), welche die Eschberger gerne zur Bekräftigung an ihre Aussagen anhängen. Sie ist eine Verballhornung der lateinischen Gebetsformel „sicut erat in principio et nunc et semper et in saecula saeculorum" („Wie es war am Anfang, so auch jetzt und allezeit und in Ewigkeit.") und zeigt, daß die Dorfbewohner nicht allzuviel von den lateinischen Messen ihrer Kuraten verstehen und umsetzen. Diese versagen als einzige Seelsorger in der abgeschiedenen Bergwelt völlig, wirken unglaubwürdig und wie Witzfiguren. Kurat Benzer schwängert die Frauen des Dorfes und tötet sich offenbar selbst, sein Nachfolger, Kurat Beuerlein, befindet sich mit fortschreitender Amtszeit in wachsendem Zustand geistiger Verwirrtheit.

Bereits am Anfang des Romans wird Gott als „rex tremendus" bestätigt: Die Eschberger werden von ihm mit drei verheerenden Feuern innerhalb eines einzigen Jahrhunderts geplagt; Gott will ihnen zeigen, daß er sie dort nie gewollt hat (vgl. SB 10). Die Darstellung der Feuersplagen ist inhaltlich und sprachlich eine deutliche Anlehnung an biblische Strafgerichtsszenen.[93] Peter, der Brandstifter, ist Gottes Werkzeug und eben jener Feuerengel, durch den Gott den Menschen mitteilt, er habe sie nie in Eschberg gewollt. Durch die Großschreibung in der Numerierung wird die Bedeutung der Feuer unterstrichen, in der begrenzten Historie des Eschberger Mikrokosmos sind die Feuersbrünste Marksteine.

Gott wird vom Erzähler als äußerst brutaler Herrscher geschildert, der die Menschen als naive Werkzeuge für einen „satanischen Plan" (SB 13) benutzt. Wenn der Erzähler bekräftigt, sein Buch sei überdies eine Anklage wider diesen Gott (SB 13),

---

[93] Vgl. Offb 8,6ff.: „Der erste Engel blies seine Posaune. Da fielen Hagel und Feuer, die mit Blut vermischt waren, auf das Land." u. SB 76: „Der Feuerengel [...] hieß den Föhn [...] sein Horn nehmen und mit prallen Backen in die Ritzen jener Tenne blasen, wo das gedemütigte Kind den Heustock angezündet hatte."

ist seine Ironie noch nicht ersichtlich, noch teilt er scheinbar das Gottesbild der Eschberger; in späteren Abschnitten der Geschichte ändert sich dies, dann wird die Ironie deutlicher und wechselt stetig mit deskriptivem Pathos.

In Eschberg liegen Glaube und Aberglaube sowie religiöser Eifer und vorteilbedachtes Ausnutzen der Religion nahe beieinander.[94] Die „gläserne Stimme" (SB 31) nach dem Hörwunder macht Elias zum Außenseiter, die Dörfler halten das Kind für „verwunschen" (SB 31). Natürlich werden die körperlichen Veränderungen sogleich als „Gottes Fluch" (SB 40) ausgelegt, und im gesellschaftlichen Rang fällt der „Gelbteufel" (SB 43) sogar noch hinter die Mongoloiden zurück. Elias' Mutter vollzieht in ihrer Verzweiflung „rätselhafte Kulte" (SB 50), verstümmelt sich an der Wange, um ihr Fleisch dem Heiligen Eusebius darzubringen, einzig, um den Fluch, der vermeintlich auf ihrem vor den Leuten versteckten Sohn liegt, von diesem zu nehmen. Nicht nur an diesem Beispiel

> „zeigt sich eine rituell übersteigerte und abergläubisch anmutende Heiligenverehrung, das Groteske der Situation birgt zudem eine gewisse Komik. Außerdem zeichnet sich in der seelischen Gewalt, mit der der Junge konfrontiert wird, bereits ab, daß der eigentliche Fluch, der auf ihm liegt, seine augenscheinliche Verschiedenheit ist. Sie reißt ihn aus der Mitte der Bergdörfler und wird ihm immer wieder den Weg zu einem Ausleben seiner Fähigkeiten versperren"[95].

Mit dem Mord an Roman Lamparter wird dem Leser vor Augen geführt, wie schlimm ein Außenseiter enden kann. Der Holzschnitzer wird vom Ersten Feuer verschont, und da er sich durch seine Lebensweise schon immer zum befremdlichen Subjekt inmitten der Bauern gemacht hat, reichen die Verleumdungen einer geschwätzigen Bäuerin aus, um eine Horde Männer zu animieren, den „Antichrist[en]" (SB 82) zu verbrennen. Plötzlich ist offensichtlich, daß auch Elias niemals als Auserwählter in Eschberg wirkliche Anerkennung erfahren kann. Denn was die Vorstellungskraft der Eschberger übersteigt, gehört nicht in ihre Welt und muß zwangsläufig ein Fluch oder Teufeswerk sein.

Die Einfalt, aber auch die Bauernschläue der Eschberger zeigt sich besonders im Kapitel „Die Stimme, die Tiere und die Orgel" (SB 53ff.). Elias gaukelt dem blinden Haintz mittels seines Imitationstalents vor, er sei der „Prophet Elias" (SB 59), um diesen am Landdiebstahl zu hindern, was zur Folge hat, daß die Haintzin den Ort der angeblichen Heiligenerscheinung aufs eigene Grundstück schwindelt. Sie sorgt dafür, daß vom Kuraten eine Feldbenediktion gesprochen wird, und geht so

---

[94] Vgl. dazu etwa die Passagen um die „Feuerpredigt" des Kuraten Benzer (SB 20f.) oder die Geschichte von der Seelenzilli (SB 21ff.).
[95] Werner, Heiligenlegende, S. 106.

weit, Kreuzwegstationen und Opferstöcke schnitzen zu lassen. Sie möchte erreichen, daß Rom das angebliche Wunder anerkennt und ihr Kreuzweg künftig zum Pilgerpfad wird, der viele Gläubige anzieht. Ein falsches Wunder, das Vorteil bringen könnte, wird also sofort akzeptiert, das Genie in ihrer Mitte vermögen die Eschberger allerdings nicht zu sehen - es sei denn als Verteufelten.

Die vielfach im Roman sehr mokant und äußerst ironisch geschilderte Art der Heiligenverehrung und Religionsausübung ist ein Widerpart zu den pathetischen Szenen rund um Elias' Genie und Erwähltheit. Die Betonung des Religiösen in der einen oder anderen Form ist natürlich bis zu einem gewissen Maße eine Notwendigkeit zur Zeichnung des bäuerlichen Umfelds im beginnenden 19. Jahrhundert[96], dient aber in *Schlafes Bruder* weitaus stärker einer Steigerung der sakralen Begleitmusik der Geniegeschichte. Im Kern des Ganzen geht es um das Schicksal eines Menschen, der an seiner Umgebung zerbrechen *muß* - das anscheinend so dominierende Religiöse bleibt oftmals vordergründig.

3.3 Darstellung und Bedeutung der Religion in *Schlafes Bruder* und bei Wackenroder und Hoffmann

In der romantischen Poesie wurde eine neue Art von Religiosität ausgedrückt; ihre Zielvorstellung war mit der Idee des Goldenen Zeitalters identisch, also „einer allesumfassenden, das Einzelne in einen innigen Zusammenhang integrierenden Ganzheit"[97]. Dabei hält die Romantik grundsätzlich „Wunder, als Durchbrechung der Kausalgesetzlichkeit, für möglich. Das Wunderbare, symbolisiert im Wunderlichen [...], ist Attribut jener verborgenen Wirklichkeit, des ganz 'Anderen', in dem andere Gesetze herrschen [...] als in der Alltagswelt"[98].

Wackenroder übertrug ehemals religiöse Andachtshaltungen auf das Gebiet der Kunst. Was bei ihm entscheidend neu ist, ist, daß die religiöse Funktion der Kunst als „Sprache Gottes" unabhängig von der Kirche ausgeübt wird. Die Kunst wird bei Wackenroder „nicht Ersatz der religio, aber der ecclesia". Damit geht von der Kirche auch die Mittlerfunktion auf die Kunst über. Die Kunst wird selbst zur

---

[96] Vgl. Kruse, Interview, S. 97: Robert Schneider spricht von dem wichtigen Stichwort „Negative Religiosität"; seine Schilderung Gottes als dem grausamen Weltenrichter sei „der Versuch, auch soziologisch ein bißchen genauer zu werden", also das Weltbild des Romans präziser zu zeichnen.
[97] Pikulik, Frühromantik, S. 169.
[98] Pikulik, Frühromantik, S. 169.

„sakramentalen Gnadenspenderin"[99]. In Wackenroders Werken wird die Musik mehr und mehr von ihrer religiösen und sozialen Funktion entbunden, die Berglinger-Figur etwa räumt ihr „zunehmend weltliches und vor allem privates Existenzrecht ein"[100].

In den *Herzensergießungen* wird die „Kunst als eine Art von religiöser Symbolik aufgefaßt"[101], da das Göttliche sich wie in der Religion nun auch in der Kunst offenbart. Stützen läßt sich diese Feststellung durch Textstellen, in denen von „göttlicher Eingebung"[102] und den „inneren Offenbarungen des Kunstgenies"[103] die Rede ist. Die wirkungsästhetische Stellung des Dichters läßt sich definieren als eine des Übergangs „zwischen der empfindsamen und sensualistischen Wirkungsästhetik der Aufklärung und der magischen und symbolischen Wirkungsästhetik der Romantik"[104]. Eben die Grundlage des Kunstschaffens auf oben genannter „göttlicher Eingebung", gewissermaßen als Gnadenerweis, unterscheidet Wackenroder von den Ästhetikern der Aufklärung, die „die schöpferische Tätigkeit und den Kunstgenuß auf die Erfahrung des *Selbst* gründen wollten"[105]. Bei Wackenroder wird Gott in der Natur unmittelbar, in der Kunst dagegen mittelbar erkannt, als Medium dient dabei der Mensch.[106] In diesem Zusammenhang unterscheidet Wackenroder zwischen einer „Sprache der Worte" und den „zwei wunderbare[n] Sprachen", nämlich „die Natur und die Kunst", wobei die erstere „nur Gott" spreche, die zweite aber „nur wenige Auserwählte unter den Menschen, die er zu seinen Lieblingen gesalbt hat"[107].

Demgemäß gestaltet er auch seine Berglinger-Figur. „Wackenroders *Berglinger* ist vergleichsweise eine fiktiv-abstrakte 'Legende' [...]"[108], meint Gerhard vom Hofe.

---

99 Pikulik, Frühromantik, S. 276.
100 Thewalt, Patrick: Die Leiden der Kapellmeister. Zur Umwertung von Musik und Künstlertum bei Wilhelm Heinrich Wackenroder und E.T.A. Hoffmann. Frankfurt/Main u.a. 1990. S. 76.
101 Sörensen, Bengt Algot: Symbol und Symbolismus in den ästhetischen Theorien des 18. Jahrhunderts und der deutschen Romantik. Kopenhagen 1963. S. 205.
102 Wackenroder, Werke, Bd. 1, S. 56.
103 Wackenroder, Werke, Bd. 1, S. 55.
104 Sörensen, Symbol, S. 206.
105 Strack, Friedrich: Die „göttliche" Kunst und ihre Sprache. Zum Kunst- und Religionsbegriff bei Wackenroder, Tieck und Novalis. In: Brinkmann, Richard (Hg.): Romantik in Deutschland. Ein interdisziplinäres Symposion. Stuttgart 1978. S. 369.
106 Vgl. Büchner, Anton: Wackenroder und die Musik. In: Die Musik 11 (1911/12) S. 329.
107 Wackenroder, Werke, Bd. 1, S. 97.
108 Hofe, Gerhard vom: Das unbehagliche Bewußtsein des modernen Musikers. Zu Wackenroders „Berglinger" und Thomas Manns „Doktor Faustus". In: Anton, Herbert/Gajek, Bernhard/Paff, Peter (Hgg.): Geist und Zeichen. Festschrift für Arthur Henkel. Heidelberg 1977. S. 146.

Tatsächlich aber wird die Frage der Kunst in Teilen der *Herzensergießungen* und *Phantasien* sogar aus dem christlich-religiösen Zusammenhang gelöst und in die Nähe einer naturmystischen Kunstbetrachtung gerückt. Dabei ist die Wirkung der Kunst stellenweise „dämonischer Art"[109].

In dem dagegen von Hoffmann durch seine Kreisler-Figur ausgedrückten Zusammenspiel von Religion und Kunst erfährt der ideale Künstler „eine Apotheose als Verkünder einer metaphysischen Überordnung, die aufgrund ihrer naturphilosophischen Verankerung mehr als ein bloßer Religionsersatz sein kann"[110]. Die Musik ist dabei Sprache eines „unbekannten Geisterreichs", das „die zweite Seinssphäre in Kreislers dualistischer Weltsicht"[111] bezeichnet. Kreislers musikalische Idee ist also von einer „metaphysisch-überindividuellen Herkunft"[112].

Wichtig in Verbindung mit *Schlafes Bruder* ist an dieser Stelle die Beschaffenheit der Verbindung von Kunst und Religion sowie intertextuelle Bezüge zu Wackenroder oder Hoffmann.

Der Künstler ist nach Wackenroder von Gott auserwählt, ein geradezu Gesalbter, nicht von ungefähr hat auch Berglinger einige Erweckungserlebnisse, die als eine Art Initiationsritus zu sehen sind, und zwar durch die Kirchenmusik während mehrerer katholischer Messen. Bei diesen Durchbruchserlebnissen tritt der Vergleich mit einem Lichtstrahl auf, der in Berglingers Seele trifft, ihn reinigt, berauscht und edler macht.[113] Allein auf die Art und Weise der Initiation bezogen, kehrt Schneider in seinem Roman diese Metapher um, denn „das Wunder [hat] den Elias nicht wie ein Blitz aus offenem Himmel getroffen [...], sondern sich mählich, ja beinahe menschlich [angekündigt]" (SB 33). Auch in *Johannes Kreislers Lehrbrief*[114] findet sich ein interessanter Bezug zur Erweckung in *Schlafes Bruder*. Der Jüngling Chrysostomus - wohl eine Anspielung auf Mozart, dessen Taufname Johannes Chrysostomus Wolfgangus Theophilus lautet - erzählt eine Geschichte, in deren Zentrum ein geheimnisvoller Stein vorkommt, der ihn „unwiderstehlich"[115] angezogen habe; Elias wird ganz ähnlich vom wasserverschliffenen Stein „auf so unheimliche Art und Weise" angezogen (SB 32). Beim Betrachten des Steines sieht Chrysostomus eine

---

[109] Sörensen, Symbol, S. 210.
[110] Thewalt, Leiden, S. 91.
[111] Thewalt, Leiden, S. 87.
[112] Thewalt, Leiden, S. 94.
[113] Vgl. Wackenroder, Werke, Bd. 1, S. 132f.
[114] Hoffmann, Werke, Bd. 1, S. 384-391.
[115] Hoffmann, Werke, Bd. 1, S. 386.

Frauengestalt, die zu himmlischer Musik wird. An jenem Stein tritt - wie bei Elias - „die hohe Macht in sein Leben, die ihn erweckte"[116].

Ein Vergleich mit Elias' übersteigerter Marienverehrung drängt sich geradezu auf, angesichts Joseph Berglingers, der die Hl. Cäcilia, die Muse der Kirchenmusik, mit Lobgesängen um Befreiung bittet. Noch viel mehr allerdings in den Passagen um die Mariensequenz „Stabat Mater". Berglinger sucht nicht die Erlösung von der Sünde, sondern Erlösung aus den Beschwernissen des Irdischen. Er nimmt dabei eine Märtyrerhaltung ein. Elias glaubt, einen Schritt weiterdenkend, seine Hoffnung auf Erlösung durch das Überschreiten irdischer Grenzen zu erfüllen. Indem er meint, sich selbst aus den Beschränkungen der irdischen Welt, hier konkret von dem menschlichen Schlafbedürfnis, befreien zu können, hofft er, endlich den Weg zur Erlösung aus seiner Liebesqual und zur Rettung seiner sündigen Seele zu beschreiten. Er nimmt aber nicht bewußt die Haltung eines Märtyrers ein - obwohl er von Peter als ein solcher gesehen wird. Noch ist seine Qual eine selbstverschuldete um seinet-, nicht um der Erlösung anderer willen.

Mit einer österlichen Passionsmusik wird der Kreis von Berglingers Karriere geschlossen, „nach Uraufführung seines Oratoriums im Dom (am selben Ort, wo er zum ersten Mal die transzendierende Macht der Musik erlebte) beendet er [...] seinen eigenen Passionsweg, denn er erkrankt und stirbt bald"[117]. Hier sind die Parallelen zum Orgelkonzert in Feldberg mit der darauffolgenden Passion des Elias offensichtlich.

Wie nahe die Todesthematik in *Schlafes Bruder* der romantischen Todesthematik steht, läßt sich sehr gut an Novalis' *Ofterdingen* festmachen. Novalis entwickelt ein Todesbild - Elias' Idee läßt dieses Bild regelrecht durchklingen -, in dem „das Leben seinen Sinn zurückgewinnen [kann]. So steht der Tod letztendlich paradoxerweise für das eigentliche Leben"[118]. Heinrich von Ofterdingen „erwartet [...] sich [vom Tod und] darüber hinaus erotische Erfüllung, die nähere Verbindung liebender Wesen"[119]. Der Tod erscheint charakteristischerweise „nicht als Gegensatz, sondern auf der gleichen Ebene wie die Liebe, als Bestandteil des unendlich bunten Lebens

---

[116] Hoffmann, Werke, Bd. 1, S. 389.
[117] Fetzer, John F.: „Auf Flügeln des Gesanges". Die musikalische Odyssee von Berglinger, BOGS und Kreisler als romantische Variation der literarischen Reise-Fiktion. In: Scher, Steven Paul (Hg.): Literatur und Musik. Ein Handbuch zur Theorie und Praxis eines komparatistischen Grenzgebietes. Berlin 1984. S. 264.
[118] Hauer, Bernard E.: Die Todesthematik in *Wilhelm Meisters Lehrjahre* und *Heinrich von Ofterdingen*. In: Euphorion 79 (1985) S. 196.
[119] Hauer, Todesthematik, S. 198.

auf"[120], „das Sehnen nach Vollendung [ist] zugleich Sehnsucht nach dem Tode" und „Sterben wird hier zum philosophischen Akt"[121], der an das Innerste der romantischen Idee rührt.

Betrachtet man die Rolle der Musik hinsichtlich der Religion, so weist „Berglingers Ästhetik [...] die Musik explizit als menschliche Erfindung aus - zur Gottheit wird sie durch die Verehrung des Menschen". Die „Musik bleibt Illusion", sie ist keine Offenbarung, sondern nur ein „schöner Traum"[122]. In *Schlafes Bruder* ist Musik wohl eher eine göttliche Erfahrung bzw. ein Medium zur Verehrung Gottes (womit zum einen gemeint ist, daß die Musik, die Elias zum größten Teil spielt, Kirchenmusik ist, zum anderen aber auch, daß die Musik, wenn sie ihm zum besseren Verständnis seines Lebensweges verhilft, ein Erfahrung der Gegenwart Gottes ist, wie es ja auch die Kirchenmusik sein soll), sie ist nicht selbst göttlich, wohl aber gottgegeben, also nicht nur ein Traum, sondern tatsächlich eine Offenbarung. Daß die Musik offenbarenden Charakter hat, zeigt sich nicht zuletzt in der Epiphanie, die doch als Konkretisierung und Höhepunkt der offensichtlichen Gegenwart Gottes in Elias' Leben und Wirken, also auch seiner Musik, gelten muß.

Das musikalische Werk bei Hoffmann und Wackenroder in bezug auf den Rezipienten dient „als ein Medium zum Transport himmlischer Inspiration und des 'Geistes' der Kunst, sammelt diese und gibt sie ungebrochen weiter an den Rezipienten, wenn [...] dieser Bereitschaft [...] wie das entsprechende Vorwissen überhaupt mitbringt"[123]. Elias' Musik scheint angesichts der Auswirkungen, die sein Orgelspiel bei den Zuhörern erzielt, als derartiges Medium gesehen werden zu können. Selbst sehr subjektive Umsetzungen von Ideen und komplizierte musikalische Strukturen vermitteln den Zuhörern eine Vision „glasklarer Wahrheit" (SB 175), machen sie fromm und gottesfürchtig. Entscheidender Unterschied zu Wackenroder und Hoffmann ist dagegen die Tatsache, daß Elias' Musik so weit entwickelt ist, daß weder Bereitschaft noch Vorwissen der Zuhörer vonnöten sind, um die himmlische Inspiration zu empfangen. Betont werden muß hier jedoch noch einmal, daß anders als in *Schlafes Bruder* der „Inhalt der Religion, die durch Kunst verherrlicht werden soll, [...] bei beiden Romantikern nicht deutlich christlich [ist], sondern [...]

---

[120] Hauer, Todesthematik, S. 199.
[121] Hauer, Todesthematik, S. 201.
[122] Thewalt, Leiden, S. 78.
[123] Naumann, Barbara: Musikalisches Ideen-Instrument. Das Musikalische in Poetik und Sprachtheorie der Frühromantik. Stuttgart 1990. S. 18.

sich einem ästhetischen Kult der 'höheren Welt' [nähert], in dem gelegentlich an die Stelle der Religion die Kunst selber gesetzt wird"[124].

Prinzipiell muß unterstrichen werden, daß es in *Schlafes Bruder* weniger um eine Thematisierung gottgegebener Kunst oder durch Kunst verherrlichter Religion, um die Inspiration eines Genies und um das Verhältnis von Künstler, Kunstwerk und Publikum geht - zumindest nicht in dem Maße wie in den romantischen Werken -, sondern vielmehr um eine Schwerpunktsetzung bei der Liebesthematik und ihrem Zusammenspiel mit Gott. Die Kunst hat den Zweck einer zugleich produktiven wie kontraproduktiven Leidenschaft, welche den Künstler ebenso fortschreiten wie scheitern läßt, ohne über diese romantechnische Funktion hinaus eine kunsttheoretische Diskussion mit neuen oder fruchtbaren Ansätzen anzufachen. Allerdings gibt es, wie gezeigt wurde, sehr wohl inhaltliche und intertextuelle Parallelen zu Wackenroders Berglinger, Hoffmanns Kreisler und Werken anderer romantischer Dichter.

---

[124] Frey, Marianne: Der Künstler und sein Werk bei Wilhelm Heinrich Wackenroder und E.T.A. Hoffmann. Vergleichende Studien zur romantischen Kunstanschauung. Bern 1970. S. 117.

4. Das Genie und die Musik

„Es ist alles eine Sache des Hörens."
(SB 106)

4.1 Johannes Elias Alder: Der geniale Künstler und seine Musik

4.1.1 Musik, Gefühle und Natur

Zunächst sollen die Ursprünge und Wesenszüge von Elias' Musik, seine künstlerischen Wurzeln, gezeigt werden. Dabei wird deutlich werden, daß das Besondere seiner Musik und die eigentliche Genialität, die in seinen Werken offenkundig wird, im Effekt steckt.

Wenn der Takt von Elsbeths und Elias' Herzen „das Metrum, der Grundschlag seines Lebens und seiner Musik"[125] ist, so sei bezüglich dieses Bildes darauf hingewiesen, daß Frey in ihrer Arbeit über Künstler und Werk bei Wackenroder und Hoffmann schreibt, daß nach deren Auffassung die Musikregeln in der Natur stecken, und „nur besonders begabte Künstler sind imstande, der Natur diese Geheimnisse zu entreissen. Das gilt besonders für die Theorie der Musik, durch die Übereinstimmung, die Sympathie, die von vornherein zwischen den Tönen und den Fibern des menschlichen Herzens besteht"[126].

Elias' Inspirationsquellen zeigen, daß er kaum Berührung zur Musik seiner Zeit hat, nicht ihre Neuerungen und nicht ihre Forderungen kennt - was natürlich nicht heißt, daß der Erzähler ihn nicht mit eben diesen in Berührung bringt oder ihn diese Leistungen autodidaktisch nachempfinden läßt. Er ist inspiriert von der Natur, der Liebe und dem bescheidenen Liedgut, das ihm im Dorf vermittelt wird. An Stellen, wo Elias zum Beispiel konkret Elsbeths Äußeres, ihre Eigentümlichkeiten, ihren Duft oder die Geräusche, die ihr Kleid macht, mit seiner Musik einfangen will (vgl. SB 99), enspricht er in Grundzügen einem zu seiner Zeit nicht unüblichen Komponistenbild, mit dem Interesse nämlich, konkrete Naturklänge nachzubilden, was nicht selten von einer oberflächlich verstandenen Nachahmungslehre herrührte.

---

[125] Schlösser, Hermann: „Wie kein Meister vor ihm oder nach ihm...". Die Einzigartigkeit des Komponisten Elias Alder. In: Moritz, Rainer (Hg.): Über „Schlafes Bruder". Materialien zu Robert Schneiders Roman. 2. durchges. Aufl. Leipzig 1996. S. 82.
[126] Frey, Künstler, S. 40.

Der Erzähler selbst erweckt oftmals den Eindruck eines hingebungsvoll lauschenden Romantikers, der die eigentlichen Töne der Natur vernimmt. Da fallen Eisflocken mit „sirrendem Ton" (SB 34), da „brüllt der Föhn" (SB 71) oder ein Haus steht in „schreienden Flammen" (SB 77). Und wenn in Elias' Spiel die Naturbilder wieder aufgegriffen werden, er etwa Melodien spielt „duftig und weich wie das im Frühlingswind wogende Gras" (SB 175), dann zeigt sich in *Schlafes Bruder* wie bei Wackenroders Berglinger, daß „die Musik 'in freier Natur' [...] ein Brückenglied zwischen Natur und Alltagswelt einerseits und dem Kunst-Bereich der geistlichen und hochstehenden Profanmusik andererseits [bildet]. Sie fördert die Synthese beider Bereiche"[127].

Wenn Elias das „F" als Lieblingston wählt (vgl. SB 69), wird deutlich, daß er niemals über andere Maßstäbe als solche ihm innewohnenden verfügt, was ihn weniger einzugrenzen scheint, sich vielmehr vorteilhaft auswirkt.[128] Elias lernt das „kompositorische Prinzip der Variation" und das „polyphone Verfahren der Imitation" von selbst - so erscheint die „Mühelosigkeit als Ausweis seiner musikalischen Genialität"[129]. Die wohl wesentliche Stelle zum Thema der musikalischen Imitation ist die Passage mit den beiden Zitronenfaltern, deren Bild Elias beim Musizieren vor Augen erscheint und deren Flug er sogleich auf der Orgel interpretiert (vgl. SB 69f.). „Während ein Thema das andere musikalisch imitiert, ahmen beide zusammen die Natur nach, deren Erscheinungen den Komponisten inspirieren."[130] Elias entwickelt also einfache Prinzipien, die er der Natur abschaut. Später werden bei Elias' und Elsbeths gemeinsamen Gesang während eines Spaziergangs die musikalischen Ergebnisse der Beschäftigung mit dem Tanz der Zitronenfalter ersichtlich (vgl. SB 105f. u. 111); der Gesang zeigt, daß Elias die Kunst der Imitation perfekt beherrscht. Dies ist jedoch nur Ausdruck seiner ureigentlichen Begabung: dem fast unbeschränkten Gehör, mit dem er Dinge zu hören imstande ist, die über den Bereich des Irdischen (wenn er beispielsweise den Herzschlag der ungeborenen Elsbeth pochen hört) hinausgehen.

---

[127] Kielholz, Jürg: Wilhelm Heinrich Wackenroder. Schriften über die Musik. Musik- und literaturgeschichtlicher Ursprung und Bedeutung in der romantischen Literatur. Bern/Frankfurt a. M. 1972. S. 76.
[128] Vgl. hierzu Schlösser, Einzigartigkeit, S. 83: Schlösser sieht darin auch eine Grenze von Elias' Kunst - der Fortgang der Geschichte widerspricht dem jedoch; Elias erlernt gewöhnliche Maßstäbe in der Musik mühelos, dadurch allerdings, daß er nicht indoktriniert ist, kann er herkömmliche Grenzen zugleich durchbrechen.
[129] Schlösser, Einzigartigkeit, S. 83.
[130] Schlösser, Einzigartigkeit, S. 84.

Eine wichtiges Ergebnis Hermann Schlössers ist, daß sich „Alders kompositorische Intentionen sämtlich in der traditionellen Tonsprache der Musica Sacra ausdrücken lassen"[131]. Die Kenntnisse von dieser Tradition, z. B. die Grundlagen kirchenmusikalischen Tonsatzes, aber auch von der Funktionsweise einer Orgel, für deren Erarbeitung andere jahrelang brauchen, lernt Elias bis zum siebzehnten Lebensjahr in wenigen Wochen. Neben dem absoluten - man möchte paradoxerweise fast sagen: mehr als absoluten - Gehör, ist also auch die unfaßbare Leichtigkeit und Geschwindigkeit, mit der Elias musikalische Prinzipien ohne jegliche theoretische Grundlage erlernt, umsetzt und weiterentwickelt, wesentlicher Bestandteil seines Genies. Die Kraft, die ihn sich entwickeln läßt und zur Vollendung treibt, scheint entelechisch zu sein. Und in seiner „stupenden Improvisationskunst" (SB 96) erinnert er an Johannes Kreisler und sein Talent zu „phantasieren"[132]. Robert Schneider selbst äußert die Meinung, Elias' Musik habe „im Grunde genommen überhaupt nichts Geniales", man entdecke „eine ganz konventionelle Faktur von Musik"; Elias imitiere Fugen, und das „eigentlich sehr konventionell und ohne Abgrenzung der einzelnen Disziplinen". Diese Musik sei „ein spätromantischer Gestus [...], aber die Musik selbst ist nicht genial". Dennoch nennt der Erzähler im Roman spätestens die Musik beim Orgelwettbewerb „ganz große, faszinierende, mitreißende, genialische [!] Musik"[133] - wohl zu recht, denn das Geniale von Elias Musik ist nicht in der Schaffung von Unkonventionellem zu finden, sondern in der Wirkung, die seine Umsetzung, Vermengung und Entwicklung von Konventionellem erzielt. Im Effekt liegt die Genialität.

Ein „immer wiederkehrendes Bild Wackenroders" ist der Strom als „das optisch erfassbare Urbild der Bewegung". Der Fluß „erscheint als Strom des Lebens, als Musikstrom, als Strom der Zeit, als Strom der Gefühle und Leidenschaften." Und ebenso wie er bei Wackenroder als „hochwillkommenes begriffssprachliches Mittel, um dynamische Vorgänge [...] in der sonst ungeeigneten optisch-statisch-begrifflichen Wortsprache wiederzugeben"[134] verwendet wird, wird er auch in *Schlafes Bruder* benutzt: Mit dem anschwellenden „Raunen des Wassers" (SB 34) kündigt sich das Hörwunder an - überhaupt ist der zentrale Ort der Geschichte ein Stein im Strom, inmitten des Bachbetts der Emmer, ein vom Strom geschliffener und geprägter Felsen - und in „Strömen unvorstellbaren Ausmaßes prasselten die Wetter des Klanges" (SB 37) auf Elias nieder. Bei der Beobachtung eines Wasser-

---

[131] Schlösser, Einzigartigkeit, S. 85.
[132] Hoffmann, Werke, Bd. 1, S. 353.
[133] Kruse, Interview, S. 96.
[134] Kielholz, Wackenroder, S. 77ff.

falls entdeckt Elias das Gesetz der Schwerkraft, welches er sogleich stimmlich umsetzt (SB 55), und „die Fuga [...] glich einem riesigen, sich schnell dahinwälzenden Wasser, das stetig größer und voller wurde und schließlich in der Ewigkeit des Meeres endete" (SB 180). Ganz romantisch gibt ihm der „unablässige Wechsel des Bachlaufs [...] ein Gefühl seiner eigenen Lebenszeit" (SB 107).

Wie mit dem romantischen Bild des Stroms Musik und Lebensgefühl veranschaulicht werden, so setzt häufig in den Passagen mit Beschreibungen von Elias Orgelspiel eine Visualisierung der Musik ein.[135] An dem Punkt, wo die Beschreibung der unglaublichen technischen Fertigkeiten von Elias erschöpft ist und die Fachterminologie nicht mehr ausreicht, benutzt der Erzähler Bilder, Farben, Licht-Schatten-Effekte. In seiner Bildlichkeit, erwähnt Schneider in einem Interview, folge er seinem Lieblingsmaler, einem alten italienischen Meister: „die ganzen Bildinhalte sind Caravaggio"[136] Daher rührten auch die „fast physiognomischen Darstellungen [...], diese durchdringende Leiblichkeit", die Schneider für notwendig hält, „weil eben am Gedanklichen fast nichts mehr ablesbar ist heute"[137].

Zwar bezieht sich Wackenroder nicht auf den Stil eines bestimmten Malers, doch eine gewisse Nähe in der Bildlichkeit der Musikbeschreibung zu Schneider - unabhängig von dessen grundsätzlich sehr kräftiger Figurenmodellierung und bodenständiger Zeichnung des bäuerlichen Lebens in den anderen Beschreibungen - läßt sich finden, auch bei Wackenroder „kann die Neigung, die in der Musik erlebten Affekte in Bildliches zu verwandeln, als eine Eigentümlichkeit [...] angesehen werden"[138].

Ein wichtiger Begriff im Zusammenhang mit der Bedeutung der Musik für Elias ist sicherlich der der „Kompensation". Zu diesem schreibt Lothar Pikulik: „Wenn die romantische Literatur etwas 'widerspiegelt', dann nicht Tatsachen, sondern Reaktio-

---

[135] Vgl. z. B. SB 176f.: „Der Schein des Ersten Feuers wurde Musik. Die Farben der Eschberger Kirchenfenster, wie sie im Ostchor zu leuchten anfingen. Die Leiber der Schreienden, die sich ineinanderpreßten und ineinanderkeilten. Das brennende Anwesen des Nulf Alder. [...] Die Tiere des Waldes im Jännerschnee. Wie er in unhörbaren Lauten, Geräuschen und Trillern nach ihnen rief."
[136] Kruse, Interview, S. 96. Caravaggio (*28.09.1573 in Caravaggio bei Bergamo, ✝ 18.07.1610 in Porto d'Ercole bei Civitavecchia), eigentlich Michelangelo Merisi, war ein italienischer Maler, der nach seinem Heimatort benannt wurde. In seinen Werken schuf er eine dramatische Spannung von Licht und Schatten, wodurch er den meist krassen Realismus der Handlung zugleich betonte und ins Wunderbare erhöhte. So wurde er vor Velázquez und Rembrand der bedeutendste Meister der frühbarocken Helldunkelmalerei.
[137] Kruse, Interview, S. 96.
[138] Kahnt, Rose: Die Bedeutung der bildenden Kunst und der Musik bei Wilhelm Heinrich Wackenroder. Marburg 1969. S. 108.

nen auf Tatsachen, will sagen Bedürfnisse. Und indem sie Bedürfnisse auf der fiktiven Ebene befriedigt, dient sie der Kompensation von Mängeln in der Realität."[139] Auch Elias sucht in seiner Musik eine gewisse Entschädigung, reflektiert seinen Zustand, vermag durch sie in ein Ideal zu fliehen. Und in der Steigerung seiner Leiden bis hin zum Feldberger Orgelvortrag gilt auch für Elias, daß je „bedrückender das Leid, desto intensiver [ist] das Kompensationsbedürfnis und desto drastischer [ist] die Kompensation selbst"[140]. Neben seinem intensiven Bedürfnis nach Musik wäre hier auch noch seine überspannte Marienverehrung als Kompensation zu nennen. Vor diesen psychologischen Hintergründen steht Robert Schneiders Geniefigur der Romantik also wiederum sehr nahe.

4.1.2 Der Orgelwettbewerb

4.1.2.1 Bachs Kantate als Leitmotiv

Die Kantate „Ich will den Kreuzstab gerne tragen"[141], über deren Schlußchoral „Komm, o Tod du Schlafes Bruder" Elias „zu extemporieren" (SB 171) - also aus dem Stegreif zu musizieren - hat,

> „ist eine Solokantate für Baß, benutzt als Begleitung drei Oboen, die meist mit den Streichern im Unisono verlaufen, den Continuo und im Schlußchoral einen vierstimmigen Chor. [...] Die Kantate ist bestimmt für den 19. Sonntag nach Trinitatis. Die Epistel (Paulus an die Epheser 4,22-28) spricht von der Rechtschaffenheit im Geiste. Die Beziehungen zum Text der Kantate [...] sind gering. [...] Der 'Kreuzstab' ist der zum Symbol erhobene Krückstab des Gichtbrüchigen. So ist gerade diese Kantate verhältnismäßig unabhängig von engeren liturgischen Bindungen"[142].

Die Motivgruppen der Arie 1 breiten sich über die ganze Kantate aus, „wirken wie eine Art Leitmotive"[143]. Diese Motivgruppen sind zum einen das Motiv des Kreuzstabs bzw. Krückstocks, dann die „Vorstellung des Tragens des Kreuzes, des Niedersinkens und mühsamen Wiederaufrichtens" und in der dritten Motivgruppe wird „die Sicherheit des Eingehens in das gelobte Land betont"[144]. Die Motive des zu Boden geworfenen Menschen, seines mühsamen und sinnlosen Aufbegehrens und schließlich auch der Auferstehung aus dem Chaos, des Zustands des Paradiesi-

---

[139] Pikulik, Frühromantik, S. 51.
[140] Pikulik, Frühromantik, S. 55.
[141] Schmieder, Wolfgang: Thematisch-systematisches Verzeichnis der musikalischen Werke von Johann Sebastian Bach. Bach-Werke-Verzeichnis. Leipzig 1950. Der Text der „Kreuzstabkantate" wird im Bach-Werke-Verzeichnis unter der Nr. 56 geführt.
[142] Mies, Paul: Die geistlichen Kantaten Johann Sebastian Bachs und der Hörer von heute. 2 Bde. Wiesbaden 1959. S. 72f.
[143] Mies, Kantaten, S. 77.
[144] Mies, Kantaten, S. 74.

schen, all diese Motive finden sich auch in Elias' Interpretation des Chorals; er erkennt also - nur vom einmal gehörten Choral her - das Gesamtthema der Kantate, schafft aber somit nichts eigentlich Neues, sondern geht in der Musik einer sympathetischen Bindung zu Bach nach und liefert eine virtuose Variante von dessen Werk.

> „Der Schlußchoral setzt in c-moll ein. Daß Bach oder der Textdichter gerade die Strophe 6 des Liedes 'Du, o schönes Weltgebäude' von Johann Franck (1653) gewählt haben, liegt am allgemeinen in den Gang der Kantate passenden Sinn der Strophe, besonders wohl daran, daß mit dem Text des dritten Verses 'Löse meines Schiffleins Ruder' an die Vorstellungen des Rezitativs 2 angeknüpft wird."[145]

Ebenso wie Satz 4 ist dieser Schlußchoral von Todessehnsucht erfüllt. Schon Satz 3 ist voll von Freude über eine erhoffte Gemeinschaft mit Christus. „Der Text lehnt sich an das bekannte Wort Jesaja 40, 31 an: 'Die auf den Herrn harren, kriegen neue Kraft, daß sie auffahren mit Flügeln wie Adler, daß sie laufen und nicht matt werden'."[146] Im Choral spiegelt sich der Wunsch, mit Jesus vereint zu werden, im Bilde des sicheren Hafens, in dem das Schiff anlegen soll, womit er, wie oben bereits erwähnt, „auf den Vergleich des Lebens mit einer Schiffahrt in Satz 2 zurückweist"[147].

Zur Beliebtheit der Kantate um die Jahrhundertwende zum 19. Jahrhundert meint Mies, daß diese Zeit „noch erfüllt und bedingt [war] vom romantischen Hören und Hörer. Gerade diesem kommt die Kantate wie wenige andere Bachs entgegen". Es gebe einige, dem „romantischen" Hörer besonders eindringliche Züge, wie „die Verständlichkeit des Inhalts auch ohne nähere Kenntnis des liturgischen Umkreises; die Leitmotive [...]; die tonmalerischen Elemente [...]; die aus der romantischen Musik so bekannten sequenzhaften Strukturen; das klangliche Auskosten der Dreiklänge und Septimenakkorde; [...] das Stimmungsmäßige, was nicht erklärt, sondern nur gefühlt werden kann"[148] - all dieses läge dem romantischen Hörer näher als manches andere Werk von Bach. Ein romantisches Grundgefühl wird also selbst in diesem Detail des Romans reproduziert.

In Bachs Musik taucht häufig die Idee auf, daß erst im Tod das eigentliche Leben und Lieben erfahrbar wird. So wird das „Liebesthema 'Komm süßer Tod', in den Arien der Kantaten und Passionen immer wieder variiert, spricht hier die einzige Sehnsucht eines Lebens aus, das den Tod ohne Sträuben und Grauen, als wahre

---

[145] Mies, Kantaten, S. 80.
[146] Dürr, Alfred: Die Kantaten von Johann Sebastian Bach. 2 Bde. Kassel, Basel u.a. 1971. S. 478.
Bei Dürr findet sich auch eine genauere Analyse der Musik- und Gesangsthematik.
[147] Dürr, Kantaten, S. 480.
[148] Mies, Kantaten, S. 80.

Vollendung empfängt"[149]. Ganz wie in Elias' Ideen vor seinem Tod ist es auch in Bachs Musik oftmals „die Glaubensgewißheit der Wiedervereinigung mit der irdischen Geliebten, die mit der Gottesliebe in eines fließt, zur Gottesliebe und zur Fortdauer über das individuelle Leben hinaus kosmisch erhöht wird"[150].

Auch die Himmelfahrt des Elia wird mehrmals in Bachschen Kantaten aufgegriffen: In der christlichen Kirche der Frühzeit und des Mittelalters wurde in der Himmelfahrt des Elia zum einen das alttestamentliche Vorbild der Himmelfahrt Christi gesehen, zum anderen „aber auch das wichtigste Beispiel für die Bewahrung der Menschen im Tode, da Elia am Ende seines Lebens nicht hatte sterben müssen, sondern im feurigen Wagen gen Himmel hatte fahren dürfen"[151] (anders als sein Namensvetter Johannes *Elias* Alder). In den Bachschen Kantaten wird das Bild seiner Himmelfahrt jedoch etwas anders benutzt: „Hier stellt es nämlich nur die Entrückung der Seele in den Himmel dar, die unmittelbar nach dem Tode des Menschen stattfindet, während der Leib in die Erde gelegt wird."[152] Wenn die Seele „unmittelbar nach dem Tode in den Zustand der Seligkeit [kommt], der Leib aber [...] in der Erde [ruht] und [...] der Auferstehung [harrt]", hat der Tod seinen Schrecken verloren. „Er ist zum 'Schlaf' und 'Schlafes Bruder' geworden, der den Leib zur Ruhe kommen läßt, bis der Herr einst das Zeichen zum seligen Erwachen geben wird"[153]. Hier und auch bei der Besprechung der Kreuzstabkantate sowie einiger Inhalte Bachscher Musik zeigt sich also der enge Bezug zu Elias' Schicksal und die keinesfalls nur titelbezogene Komponisten- und Lied-Wahl des Autors.

4.1.2.2 Elias' Interpretation des Chorals

Es war der Klang des Gotteslobes, der Elias ins Leben rief, und auch sein nächster Kontakt mit der Musik ist eng ans Kirchliche gebunden: Der Taufchoral läßt den Säugling erstmals über die Musik jubilieren. Sein ganzer weiterer Lebensweg ist an entscheidenden Punkten von der Kirchenmusik begleitet - von seiner Choralphantasie über „Christ lag in Todesbanden" am Ostersonntag 1820 (vgl. SB 115) bis hin zum musikalischen Höhepunkt seines Lebens, dem Orgelwettbewerb. Die enge

---

[149] Benz, Richard: Die Welt der Dichter und die Musik. Düsseldorf 1949. S. 106.
[150] Benz, Welt, S. 107.
[151] Werthemanns, Bedeutung, S. 156.
[152] Werthemanns, Bedeutung, S. 163.
[153] Werthemanns, Bedeutung, S. 164f.
Der Tod in Verbindung mit dem Schlaf oder als Bruder des Schlafs taucht unter anderem auch im Rezitativ Nr. 6 der Kantate 95 „Christus, der ist mein Leben"oder im Rezitativ Nr. 4 der Kantate 161 „Komm, du süße Todesstunde" auf.

Bindung von Musik und Kirche ist natürlich bewußt gewählt, Schneider sieht die Musik in seinem Buch als „die Schwester der Religion"[154].

Den Weg zu seinem musikalischen Triumph tritt Elias barfüßig und in abgerissenen Kleidern an. Diese „sonderliche Erscheinung" (SB 169) gibt Anlaß zu Schmähungen und arrogantem Verhalten, doch sie wird Elias' Größe, seinen Erfolg und seine Außergewöhnlichkeit noch akzentuieren. Bevor die Reihe im Wettbewerb an Elias ist, liest der Generalvikar den 150. Psalm, das große Halleluja, in dem das Gotteslob vornehmlich durch das Spielen von Musikinstrumenten gefordert wird. Nach dieser Lesung mit Leitmotivcharakter werden die Stücke für die Kandidaten ausgelost. Für Elias wird der Schlußchoral der Bachschen Kantate Nr. 56 (vgl. SB 171ff.) ausgewählt. Die Durchdringung des Liedes mit der Sehnsucht nach Erlösung ist - wie oben in der Untersuchung der Kantate gezeigt - bezeichnend und von besonderer Schicksalsträchtigkeit, wenn man das künftige Leiden und den Tod Elias' sowie seine Liebesvorstellung bedenkt. Mit dem Ergebnis der Liedauslosung wird also auf sein vorbestimmtes Los hingewiesen. Und so ist es verständlich, daß er von den Worten und der Melodie des Chorals gleich „gefangengenommen" (SB 172) wird.

Zunächst interpretiert Elias durch sein Orgelspiel die vorgegebene Musik und beschreibt das sinnlose Aufbegehren des Menschen gegen Gottes Willen. Dann steigert sich seine Musik, nimmt den Charakter einer Predigt an, bis sie schließlich zur einzigen Wahrheit wird: „Der Choral aber war der Tod." (SB 175) Elias veranschaulicht mit seinem Spiel den Zustand der Erlösung, seine Improvisation wird leicht und frei von irdischer Drangsal; ihm gelingt endlich, was er vor dem Orgelfest so krankhaft herbeiwünschte: das Versinken in der Vergangenheit. Und so geschieht es, „daß Elias wieder liebt" (SB 177). Er beendet sein virtuoses Spiel im musikalisch gemalten „Zustand des Paradiesischen" (SB 180). Seine Zuhörer sind hypnotisiert; Elias hat das vollbracht, was kaum ein Prediger schafft, er hat die Menschen „bis auf das Innerste [ihrer] Seele" erschüttert (SB 178f.). Für Elias' musikalisches Können gilt: „Die Natur wurde Musik" etc. (SB 176)[155], als er einstmals gesehene Bilder herbeiträumt, deshalb gilt auch für ihn, was Robert Mülher in seiner Arbeit über Hoffmann wie folgt zusammenfaßt:

> „In der durch das Sehen erweckten Musik [...] spricht sich das aus, was das Gesehene ist. Das Innerste der Natur öffnet sich in Gesang und Musik. [...] Wenn sich der Mu-

---

154 Kruse, Interview, S. 97.
155 Vgl. dazu auch Zeyringer, Klaus: Felders Stiefbruder oder Der verkleidete Erzähler. Robert Schneiders Dorf-Geschichte. In: Moritz, Rainer (Hg.): Über „Schlafes Bruder". Materialien zu Robert Schneiders Roman. 2. durchges. Aufl. Leipzig 1996. S. 67: An dieser Stelle zeige sich „Natur als Ursprung der Kunst; Natur dann als Bedrohung, gespiegelt in der Kunst."

siker und Komponist in der geschauten Gestalt so zu erkennen vermag, daß diese ihm zu Musik und Melodie wird, dann ist Komponieren und Bewußtwerden der Melodie (d. h. inneres Schreiben) so viel wie Selbsterkenntnis."[156]

Daß Elias tatsächlich zur Selbsterkenntnis gelangt, zeigt sich in seinem Entschluß nach dem Konzert, nicht mehr zu schlafen.

Bei seinem Orgelspiel offenbart sich die „unglaubliche formale Komplexibilität der Alderschen Musik"[157]. Der Formenreichtum und die Virtuosität von Elias sind jedoch nicht das wesentliche, seine größte Leistung ist laut dem Erzähler, daß, wenn „er also musizierte, [...] er den Menschen bis auf das Innerste seiner Seele zu erschüttern [vermochte]. Er brauchte nur die gefundenen Harmonien in größere, musikorganische Zusammenhänge zu stellen, und der Zuhörer konnte sich der Wirkung nicht mehr entziehen" (SB 178f.). Durch sein Spiel überwindet Elias also alles Technische, die Menschen werden emotional so stark angesprochen, wie es bei anderen Meistern, so berichtet jedenfalls der Erzähler, nie der Fall war oder sein wird. Somit schafft Elias, was Berglinger nicht vergönnt ist: „Zwischen Berglinger und seinem Publikum bildet sich kein Zustand musikalischer Sympathie aus, in dem der Musiker sich der ihm dargebrachten Empfindungen musikberauschter Seelen bemächtigen könnte."[158]

Elias' genialische Qualität im Gegensatz zu historischen Musikgrößen, oder das, was ihn zum größten Musiker seiner Zeit hätte machen können, war also, daß „er die Menschen zutiefst anzurühren"[159] vermochte. Und wenn vom Erzähler betont wird, daß „was er predigte, [...] von kalter, glasklarer Wahrheit [war]" (SB 175), so entspricht dies dem, was in den *Kreisleriana* als die „wahre Kunst des Komponisten" genannt wird, nämlich, „daß er durch die Wahrheit des Ausdrucks jeden rührt, jeden erschüttert, wie es der Moment der Handlung erfordert, ja diesen Moment der Handlung selbst schafft wie der Dichter"[160]. Um den Zuhörer aber zu rühren, ihn „gewaltig zu ergreifen", müsse der Künstler „selbst in eigner Brust tief durchdrungen sein"[161] - was Elias zweifellos ist.

---

[156] Mülher, Robert: Die Einheit der Künste und das Orphische bei E.T.A. Hoffmann. In: Fuchs, Albert/Motekat, Helmut (Hgg.): Stoffe, Formen, Strukturen. Studien zur deutschen Literatur. H.H. Borcherdt zum 75. Geburtstag. München 1962. S. 353.
[157] Schlösser, Einzigartigkeit, S. 90.
[158] Hertrich, Berglinger, S. 84.
[159] Schlösser, Einigartigkeit, S. 91.
[160] Hoffmann, Werke, Bd. 1, S. 377.
[161] Hoffmann, Werke, Bd. 1, S. 379.

4.2 Musik und Künstlerexistenz in der romantischen Musikernovelle und in *Schlafes Bruder*

In kaum einer Literaturepoche zeigen sich die Dichter derart eng mit der Musik verbunden wie in der Romantik[162]. Musik ist ihnen „die Urkunst, weil sie nach ihrer Meinung das subjektive Gefühl und die schrankenlose Phantasie am reinsten zur Entfaltung kommen läßt. Überaus viele Erzählungen der Zeit sind stofflich mit der Musik verknüpft"[163]. Dabei besteht eine enge Bindung zur Religion; die romantischen Schriftsteller „übertragen Vorstellungen und Verhaltensweisen der Andacht und Mystik auf die Musik"[164].

Zu den wichtigsten Dichtern von Musik- und Musikerdarstellungen zählen Wilhelm Heinrich Wackenroder und E.T.A. Hoffmann. Während der eine gewissermaßen einen Anfangspunkt der Musikerzählung in der Romantik darstellt - was nicht heißt, daß es nicht vorher schon derartige Dichtungen gegeben hätte, nur sind Wackenroders Werke als wegweisend hervorzuheben -, wird der andere oft ein bedeutender Musiker unter den deutschen Erzählern genannt. Die literarische Darstellung von Musik und Musikerlebnis erreicht in der Romantik mit Hoffmann ihren Höhepunkt. Durch die Wahl von Wackenroders und Hoffmanns Texten wird zeitlich ein Rahmen abgesteckt, der einen Bogen schlägt von der Früh- bis hin zur Spätromantik.[165] Und die für die Künstlerthematik in der Romantik sicherlich zentralen Figuren Berglinger und Kreisler sind „die einzigen fiktiven Gestaltungen, die, als Hauptfigur eingesetzt, die in den romantischen Musikkonzeptionen ausgesprochene Künstlerthematik in der 'zeitgenössischen' Gegenwart vorführen"[166].

---

[162] Vgl. Lüthi, Hans Jürg/Schultz, Franz: Romantik. In: Reallexikon der deutschen Literaturgeschichte. begr. v. Paul Merker u. Wolfgang Stammler. Neu bearb. u. unter redaktioneller Mitarbeit v. Klaus Kanzog sowie Mitw. zahlr. Fachgelehrter. Hrsg. v. Werner Kohlschmidt u. Wolfgang Mohr. 2. Aufl. Berlin, New York 1977. Bd. 3. S. 580: Um eine zeitliche Eingrenzung vorzunehmen, wird mit „Romantik" in der vorliegenden Arbeit die Epoche bezeichnet, „welche von der Mitte der neunziger Jahre des 18. Jh.s bis etwa 1830, mit ihren letzten Vertretern bis nach 1850 dauerte und durch die von der Frühromantik ausgehenden Gedanken und Anregungen zusammengehalten wurde".
[163] Riedel, Herbert: Die Darstellung von Musik und Musikerlebnis in der erzählenden deutschen Dichtung. Diss. masch. Bonn 1959. S. 645.
[164] Wiora, Walter: Die Musik im Weltbild der deutschen Romantik. In: Salmen, Walter (Hg.): Beiträge zur Musikanschauung im 19. Jahrhundert. Regensburg 1965. S. 38f.
[165] Die Vorbehalte der literaturgeschichtlichen Forschungsdiskussion, was eine Abgrenzung bzw. Phasen- oder Schuleneinteilung der Romantik betrifft, werden hier beiseite gelassen, es wird sich der heute in der Literaturwissenschaft verbreitetsten Einteilung angeschlossen (s.o.).
[166] Thewalt, Leiden, S. 21.

In *Schlafes Bruder* finden sich Anklänge an die Art der Künstler und Musikdarstellung der romantischen Musikernovellen. So stellt Rainer Moritz etwa in seiner Untersuchung fest, daß „*Schlafes Bruder* offenkundig auf romantische Traditionen anspielt, sei es in der Künstlerthematik, sei es in den Naturbildern"[167]. Ebenso schreibt Mirjam Schaub von zwei romantischen Motiven im Roman: „[der] Einsamkeit vor der beseelten Natur und [dem] Liebestod als musikalische[m] Opfer"[168]. Eine Nähe zur Romantik stellt schließlich auch der Autor selbst her, der die Figur des Elias der „Schwarzen Romantik" entnommen haben will[169], jenem Hang einiger romantischer Dichter wie Tieck und Hoffmann zum Unheimlichen, Gespenstischen, Dämonischen und Grotesken. Es stellen sich also die Fragen, inwiefern der Protagonist als Künstler ein Kind seiner Zeit ist, wie weit die Anspielungen auf romantische Dichtungen gehen, wie detailliert sich Schneider insbesondere an romantischen Musikernovellen orientiert und ob sich intertextuelle Verbindungen herstellen lassen?

Hermann Schlösser schreibt, Robert Schneider wolle ein echtes Genie darstellen und kein verkanntes, das sich über seine „objektive Bedeutungslosigkeit"[170] hinwegtröste, er wolle ein Genie, das seine Spuren in der Musikgeschichte des 19. Jahrhunderts hinterlassen hätte, wie der Erzähler ja tatsächlich nicht zu betonen vergißt. Deshalb stellt Schlösser die Frage nach den Qualitäten der Figur Johannes

---

[167] Moritz, Halbherziges, S. 24. Moritz überblendet dann zu Goethes *Werther*, wo er „erstaunliche Parallelen" findet, beispielsweise nennt er die Thematik der unglücklichen Liebe, des Künstlers ohne Werk und des Selbstmords. Auch in Manns *Zauberberg* findet er Parallelen inhaltlicher wie gestalterischer Art (S. 25f.), so in bestimmten Bildern, die Schneider wie Mann benützten, auch erlebten Castorp und Elias beide die Epiphanie mit Konsequenzen - Castorp erfahre einen Appell an die Humanität, Elias Gehör vervielfache sich - und in beiden Fällen sei das herkömmliche Zeitgerüst aufgehoben. In weiteren Werken klassischer und moderner Literatur ließen sich vergleichbare inhaltliche Parallelen feststellen.
Dies sei an dieser Stelle nur erwähnt, weil derartige Vergleiche in der vorliegenden Arbeit nur peripher angesprochen werden können. Dafür wird der Vergleich mit romantischen Werken gesucht, der weitaus ergiebiger und für die Frage nach der Konzeption des Genies besonders fruchtbar zu sein scheint.

[168] Schaub, Mirjam: Robert Schneider und das Verschwinden der Literaturkritik. In: Moritz, Rainer (Hg.): Über „Schlafes Bruder". Materialien zu Robert Schneiders Roman. 2. durchges. Aufl. Leipzig 1996. S. 41.

[169] Malek, Jan: Gesellenstück. Ein Interview mit Robert Schneider anläßlich seines Romans SCHLAFES BRUDER. In: Buchkultur 18 (1992) S. 22.
Einige Elemente des Schauerromans zeigen sich tatsächlich, etwa in den übersinnlichen Phänomenen, die beschrieben werden, in Schreckensszenen wie dem Mord an Roman Lamparter oder anderen schauerromantischen Bildern (z. B. SB 11: Cosmas Alder hält in einem feuchten Keller Zwiesprache mit seiner dort begrabenen Tochter) sowie überhaupt in den Beschreibungen grotesker Rohheit und Brutalität in Eschberg.

[170] Schlösser, Einzigartigkeit, S. 81.

Elias Alder, welche diese gegen „die realistisch anerkannten Größen der Musikgeschichte ins Feld führen kann"[171]. Diese Frage soll im folgenden aufgenommen und weitergeführt werden, indem ein Blick zunächst auf die Musiklandschaft des beginnenden 19. Jahrhunderts, aber auch auf die für das Thema relevante Musiktheorie geworfen wird. Somit soll ersichtlich werden, inwieweit Elias als Musiker den Auffassungen seiner Zeit entspricht.

Um die Mitte des 18. Jahrhunderts begann sich die Instrumentalmusik[172], womit insbesondere die Symphonie gemeint ist, als neuer Schwerpunkt herauszubilden, der im Verein mit der Oper „der Musik zu immer größerer Ausdruckskraft und Vielseitigkeit verhalf. [...] Während bei Bach und Händel noch der Einfluß der religiösen Ideen sichtbar ist, wird die Musik im 18. Jahrhundert immer weltlicher und spiegelt, ebenso wie die Dichtung, die Problematik des bürgerlichen individualistischen Künstlers wider"[173]. Mit diesen Veränderungen in den Ideen der Musik ging auch eine Veränderung des künstlerischen Selbstverständnisses einher: Der „Musiker streift jegliche Überreste eines sozialen Minderwertigkeitsgefühls ab und blickt auf die Welt von der Höhe seines künstlerischen Selbstbewußtseins herab"[174]. Berglinger erscheint diesbezüglich noch als Ausnahme, trotzdem gilt, daß zuvor kaum ein Künstler so viel Freiheit in seinem Schaffen beansprucht hat wie der ro-

---

[171] Schlösser, Einzigartigkeit, S. 81.
[172] Grundsätzlich einzuschieben ist, daß in der Musikbetrachtung der Begriff „Instrumentalmusik" von dem der „Kirchenmusik" zu trennen ist. Wichtig ist hierbei, daß sich bereits „in der frühen Romantik eine Auffassung [entwickelte], nach welcher die Instrumentalmusik nicht mehr als Vermittlung von begrifflich festlegbaren Inhalten erschien, sondern als eine höhere oder ursprüngliche Sprache, die sich der rationalen Erfassung entziehe" (Feldges, Brigitte/Stadler Ulrich: E.T.A. Hoffmann. Epoche - Werk - Wirkung. München 1986. S. 247). Da Elias' einzige Möglichkeit zu musizieren indes ausschließlich (vom weltlichen Gesang abgesehen) im Rahmen der Orgel- bzw. Kirchenmusik besteht, könnte beim vorliegenden Vergleich seines Musikertums mit romantischen Anschauungen der Eindruck entstehen, es würden die obigen Begriffe vermischt. Wenn es um einen grundsätzlichen Vergleich mit der Musikpraxis und -theorie seiner Zeit geht, darf aber eine gelegentliche terminologische Grenzüberschreitung nicht zu streng geahndet werden - zumal Elias' Kompositionen oftmals über den Bereich der Kirchenmusik hinausgehen und subjektiven bzw. säkularisierenden Charakter annehmen und seine Musik sicherlich, etwa beim Orgelwettbewerb, in gewisser Weise als „höhere Sprache" im frühromantischen Sinne angesehen werden kann. Selbst wenn also die Musikästhetik bei Wackenroder, Tieck und Hoffmann „primär eine Ästhetik der Symphonie" (Dahlhaus, Carl/Zimmermann, Michael (Hgg.): Musik zur Sprache gebracht. München, Kassel u.a. 1984. S. 185.) war, lassen sich ihre Überlegungen zumindest in Ansätzen auf *Schlafes Bruder* beziehen - sein letztes Orgelkonzert etwa ist „im Grunde eine riesige Symphonie ohne klare Abgrenzung der einzelnen Disziplinen" (SB 184).
[173] Mittenzwei, Johannes: Das Musikalische in der Literatur. Ein Überblick von Gottfried von Straßburg bis Brecht. Halle 1962. S. 464f.
[174] Nahrebecky, Roman: Wackenroder, Tieck, E.T.A. Hoffmann, Bettina von Arnim. Ihre Beziehung zur Musik und zum musikalischen Erlebnis. Bonn 1979. S. 224.

mantische. „Ein neuer ekstatisch-schöpferischer Geist kennzeichnet den Musiker der Romantik. Er ist ein introvertierter und subjektiver Künstler."[175] Der Beruf des Musikers war bis Ende des 18. Jahrhunderts an ein städtisches oder höfisches Amt gebunden[176]; dies änderte sich erst, als die Musik dann zunehmend als freie Kunst begriffen wurde. Das Künstlerleben, welches Peter seinem Cousin Elias nach dessem großen Erfolg schmackhaft zu machen versucht (vgl. SB 186f.), entspricht also den neuen Möglichkeiten einer noch jungen Enwicklung im Musikerberuf. Gerade durch die Dichtung wurde dieses Kunst- und Künstlerbild etabliert, wobei man sich in der Literatur zur Konstituierung der Musik als reiner Kunst vorwiegend der Novellenform bediente.

Ein für die Klassik und Romantik wegweisender Musiktheoretiker war Johann Nikolaus Forkel[177]. Musik ist bei Forkel zwar die „Sprache des Herzens"[178], aber im Rahmen gesellschaftlicher Funktionalität. Er lehnt Theorien ab, die Musik nicht als nachahmende Kunst definieren. „Folgerichtig braucht der Komponist die zu schildernden Empfindungen im Akt der Komposition quasi nicht 'mitzuerleben'; es genügt ihm die rein empirische Kenntnis derselben."[179] Zwar kündigt sich bei Forkel eine Neubewertung der Musik bereits an, aber es ist wohl vielmehr sein „Einfluß als Lehrer an der Göttinger Universität auf Vertreter der Frühromantik wie Tieck, Wackenroder oder A.W. Schlegel, der ihn mitunter in die Nähe romantischer Musiktheorien bringt"[180].

Einen noch größeren Einfluß auf musikalische Anschauungen der frühen Romantiker wird Johann Friedrich Reichardt zugesprochen, der „als Bindeglied zwischen Musiktheorie der Aufklärung und der sich formierenden Romantik charakterisiert"

---

[175] Nahrebecky, Wackenroder, S. 225.
[176] Vgl. Richards, Ruthann: Joseph Berglinger. A radical composer. In: Germanic Review 50 (1975) S. 125: „Throughout the Baroque (ca. 1600-1750) and for many years previous, the main sources of employment for musicians were churches and courts. [...] By the mid-eighteenth century most musicians were in the service of the nobility [...]."
[177] Vgl. Thewalt, Leiden, S. 26: „Johann Nikolaus Forkel war [...] einer der angesehensten Musiktheoretiker Deutschlands, der vor allem durch seine 1778/79 erschienene 'Musikalisch-Kritische Bibliothek' und durch die bis ins Jahr 1500 reichende 'Allgemeine Geschichte der Musik' (1788-1801) zur maßgebenden Instanz der sich entwickelnden Musikästhetik im Deutschland des späten 18. Jahrhunderts geworden war."
[178] Thewalt, Leiden, S. 29.
[179] Thewalt, Leiden, S. 30. Vgl. auch ebd.: „Im übrigen wendet sich Forkel scharf gegen eine Art der Musikbetrachtung und -kritik, wie sie gerade Wackenroder zu einem ersten Höhepunkt bringen sollte. Damit wendet sich Forkel auch gegen eine ekstatische Übersteigerung der Kunst- und Musikbetrachtung und bezieht so noch einmal Stellung auf der traditionell-rationalistischen Seite der Musikästhetik des 18. Jahrhunderts."
[180] Thewalt, Leiden, S. 30.

wird. Reichardt wertet die traditionelle Nachahmungstheorie und alte Affektenlehre um „zugunsten einer zentralen Aufwertung und Verabsolutierung des Gefühls"[181]. Nach Reichardt kann der Künstler nur das wahr darstellen, was er selber fühlt. Allerdings wird der Musiker von Reichardt trotz dessen subjektiver Willkür in seiner Kunstausübung nur dann „als Künstler anerkannt, wenn er ansonsten ein integres Mitglied der sozialen Gemeinschaft ist"[182]. Regelkanon und Vernunft sollen nicht verworfen werden, sondern das Genie vielmehr dorthin lenken, wo es sich am besten entfalten kann. Auch bei Reichardt bleibt jedoch der endgültige Zweck der Musik unverändert: Sie soll „Appell an Tugend und Moral, Katharsis des Gemüts und Mittel der Sozialdisziplinierung"[183] sein.

Die meisten anderen Musiktheoretiker der Zeit lassen sich Forkel und Reichardt unterordnen, Bewegung in die relativ eingefahrene Musiklandschaft brachten erst die Schriftsteller der Romantik. Entscheidend beispielsweise in Wackenroders Musikanschauung war, daß an

> „die Stelle einer rein funktionellen Musikbetrachtung (Forkel!), ausgerichtet nach e- thischen, moralischen, theologischen Gesichtspunkten [...] eine schwärmerisch- empfindsame Verehrung der Musik selbst [getreten war]. Als Erzeugerin intensivster Gefühlszustände [war] sie zum Selbstzweck geworden, freilich weiterhin mit religiöser Kulisse"[184].

Wackenroder war „von Johann Friedrich Reichardt mit zeitgenössischen Komponisten und der Musikschriftstellerei bekannt gemacht worden" Und mit Johann Nikolaus Forkel traf er auf „einen Lehrer, der ihm Anschauungen über die Beziehung zwischen Ton und Gefühl vermittelte"[185]. Der romantischen Theorie gemäß sollte schließlich zwischen „dem 'Gefühl' des Künstlers beim Schöpfungsakt des Kunstwerks und dem Rezipienten bei der Wahrnehmung [...] kein kategorialer Unterschied bestehen"[186]. Diesem Grundsatz entspricht *Schlafes Bruder* weitaus mehr als etwa Wackenroders oder Hoffmanns Künstlernovellen; Elias ist tatsächlich in der Lage, seine Zuhörer das empfinden zu lassen, was er beim Schöpfungsakt seiner Musik fühlt bzw. in der Musik „sieht".

---

[181] Thewalt, Leiden, S. 32f.
[182] Thewalt, Leiden, S. 34.
[183] Thewalt, Leiden, S. 37.
[184] Kielholz, Wackenroder, S. 103.
[185] Pikulik, Frühromantik, S. 278.
Vgl. dazu Thewalt, Leiden, S. 79: Berglinger grenzt sich zwar von integrativen Künstlerkonzepten, z. B. eines Musiktheoretikers Reichardt aus, ist aber „noch nicht in der Lage, die Freisetzung seines Künstlertums mit positiven Inhalten zu füllen, wie es in der [Spät-] Romantik dann an einem wirklich 'modernen' Künstlertum eines Kreisler vorgeführt werden wird".
[186] Naumann, Ideen-Instrument, S. 18.

Elias Alder hat einige bedeutende Musiker und Komponisten wie Schubert, Weber oder Beethoven zu Zeitgenossen, und Mozart ist nur zwölf Jahre vor Elias' Geburt verstorben. Einen interessanten Blick zurück in die klassische Periode eröffnet der Aufsatz Ursula Edingers. In ihm wird ein Vergleich von Elias' Triumph in Feldberg mit Mozarts Erfolg in Prag 1787 erwähnt[187]; dies soll zum Anlaß dienen, kurz das Mozartsche Genie zu betrachten, zu dem das von Elias Parallelen aufweist, was die Selbstreflexion betrifft:

In einer Arbeit zum Genie Mozarts betont Gerhard vom Hofe, daß sich dessen Künstlerdasein „vor allem [...] nicht in die Reihe der großen Passionsgeschichten romantischer Künstler seit Wackenroders 'Berglinger' einordnen [läßt], also der zumeist literarischen Künstlerviten, die das Leiden an der Welt und an der nicht mehr gelingenden Vermittlung der empfundenen musikalischen Ideen thematisieren und einen am prinzipiellen Widerspruch von Kunst und Leben zerbrechenden Menschen darstellen."[188] Interessanterweise treffen jene Unterschiede, die in der Vita Mozarts auszumachen sind, mit gewissen Einschränkungen auch auf die Figur des Elias zu, dieser unterscheidet sich in ganz ähnlicher Weise von den literarischen, romantischen Künstlerexistenzen: „Wahrscheinlich hat auch Mozart gelitten, aber er redet darüber fast nie, vielleicht weil ihm die Sprache fehlt"; auch sei ihm „nicht nur der geistig-intellektuelle Habitus eines künstlerischen Genies" abgegangen, vor allem vermisse man „die Selbstaussprache seiner Innerlichkeit, die Selbstreflexion seiner schöpferischen Subjektivität". Es gebe

> „kaum Spuren einer Selbstreflexion und einer problematisierenden Selbstthematisierung der Kunst und der Künstlerexistenz. Und auch Indizien für Mozarts Leiden am Widerspruch von Kunst und Leben lassen sich kaum finden [...] Die Sphären seiner herrlichen Musik und seines Alltagslebens scheinen unvermittelt in einem Nebeneinander zu liegen. [...] Und was seine Kompositionsweise betrifft, so scheint ihm alles mühelos zu gelingen, ja die 'Ideen' scheinen ihm nur so zuzufliegen. Man findet keine Spuren des zähen Ringens um ein Werk"[189].

Die Rolle des Künstlers ist für die Romantiker die eines Mittlers, denn einen Sinn der Welt zu erkennen, vermag nach romantischer Sicht nur derjenige, der sich dem Unendlichen öffnet und somit eine Offenbarung erst zuläßt. Und eben weil

> „das Unendliche sich nur in der verhüllenden Gestalt des Zeichens zeigt, stets Hieroglyphe bleibt und bleiben muß, die Menschen aber dieses Zeichen nicht verstehen,

---

[187] Vgl. Edinger, Ursula: *Schlafes Bruder* in der Kritik des Auslandes. In: Moritz, Rainer (Hg.): Über „Schlafes Bruder". Materialien zu Robert Schneiders Roman. 2. durchges. Aufl. Leipzig 1996. S. 127.
[188] Hofe, Gerhard vom: Göttlich-menschlicher Amadeus. Literarische Mozart-Bilder im Horizont des romantischen Kunst- und Geniebegriffs. In: Athenäum 4 (1994) S. 198.
[189] Hofe, Amadeus, S. 197.

bedarf es jemandes, der die Hieroglyphe zu deuten weiß. Es bedarf eines Mittlers [...]. [...] Werkzeug des Absoluten zu sein bedeutet demnach, das Medium zu bilden, vermittels dessen das Wunderbare und Geheimnisvolle sich mitteilt und offenbart. [...] Obwohl der Dichter also nach dieser Seite nur das Werkzeug des Absoluten ist, so muß er doch andererseits ein auserwähltes Werkzeug sein."[190]

Schließlich sind es im Bereich der Literatur zwar die sichtbaren Worte und Bilder, die der Leser kennt und versteht, aber es sind eben nicht sie, „die ihn ergreifen und überzeugen, sondern eine 'wunderbare Kraft', die sich seiner bemächtigt, indem sie sich der bekannten Worte und Bilder bedient, auf die es als solche gleichwohl nicht ankommt."[191] Dieser Ansatz wird eigentlich durch die Dichtungspraxis und die große Wertschätzung von Form und Gehalt, Stil und Sprache widerlegt, drückt aber ein Glaubensprinzip der Romantik aus, welches sich auch auf die Musik - die „dem Unendlichen" ohnehin nächststehende Kunst - übertragen läßt.

Die Nähe zum Schwärmertum ist vorhanden, und Pikulik nennt das Schwärmertum auch ein „Phänomen des Übergangs [von der Empfindsamkeit] zur Romantik" und deshalb Wackenroders Berglinger einen Schwärmer. Ein solcher Schwärmer erschaffe sich in der Einbildungskraft „zum unbefriedigenden Alltag eine Gegenwelt, die er mit Zügen des Außerordentlichen, Wunderbaren, Idealischen ausstattet, so daß sich ihm das Dasein als Widerspruch zwischen Realität und Ideal, zwischen dem Wirklichen und dem Wunderbaren darstellt". Sein Los sei deshalb, daß er den Kontrast zwischen beiden erleiden müsse, „indem er immer wieder aus Illusion und Exaltation auf den Boden der nüchternen Realität zurückfällt"[192]. Die Idealsphäre eines solchen Schwärmers sei die Sphäre der Kunst. Der „Schwärmer" (SB 187) Elias ist eher ein Schwärmer in der Sphäre der Liebe über das Mittel der Kunst.

Bei Wackenroder ist die Musik „als Erzeugerin intensivster Gefühlszustände [...] zum Selbstzweck geworden"[193], ganz im Gegensatz zu einer funktionalistischen Musikauffassung, wie sie vor Wackenroder prägend war. „Die Musik ist fähig, Erlösung dem zu bringen, der im alltäglichen Leben herumgeworfen wird [...], dessen Geist von Zweifel und Leiden gemartert wird."[194] Diese Fähigkeit besitzt die Musik in gewisser Weise auch für Elias, wenn sie auch am Ende eher bloßes Sprungbrett

---

[190] Wellenberger, Georg: Der Unernst des Unendlichen. Die Poetologie der Romantik und ihre Umsetzung durch E.T.A. Hoffmann. Marburg 1986. S. 52.
[191] Wellenberger, Unernst, S. 53.
[192] Pikulik, Frühromantik, S. 30.
[193] Kielholz, Wackenroder, S. 130.
[194] Büchner, Wackenroder, S. 333.
Vgl. dazu auch Mittenzwei, Das Musikalische, S. 110: „Die Musik vermag [...] von der Qual der Welt zu erlösen, da sie den Menschen innerlich am weitesten von dem irdischen Dasein entrückt und dieses in bloße Gefühle auflöst."

bleibt, das ihm die Richtung für den Weg zur Erlösung zeigt, aber nicht diese selbst vollbringt.

Wichtigste musikalische Erfahrung für Elias wie für Berglinger ist zunächst die Kirchenmusik. „Joseph [...] comes from an unhappy home; however he soon discovers consolation in church music, during the performance of which he often kneels, overcome by reverence."[195] In ihrer Wirkung unterscheidet sich die Musik, so „lange [sie] nur passiv empfangen und genossen wird", jedoch kaum von der der Malerei, „d. h. sie ist ebenso göttlich, ja göttlicher als diese, weil sie die Seele noch unmittelbarer trifft [...]. [..] Wenn Berglinger aber über die Kunst des Tonsetzens spricht, erscheint die Musik dämonisch und gefährlich". Es scheint, als kenne Wackenroder „die entscheidende Problematik des modernen Künstlers, seine Selbstisolation im schöpferischen Akt, die mit gesellschaftlicher Desintegration einhergeht"[196].

Wenn Wackenroder schreibt: „Es hat sich zwischen den einzelnen [...] Tonverhältnissen und den einzelnen Fibern des menschlichen Herzens eine unerklärliche Sympathie offenbart, wodurch die Tonkunst ein reichhaltiges und bildsames Maschinenwerk zur Abschilderung menschlicher Empfindungen geworden ist"[197] oder: „In dem Spiegel der Töne lernt das menschliche Herz sich selber kennen; sie sind es wodurch wir das G e f ü h l   f ü h l e n   lernen [...]"[198], dann äußert er eine Auffassung von Musik, nach der sie „Ausdruck des Menschen [ist] und sogar reflektierender Spiegel, in welchem er seines eigenen Wesens inne wird. In diesem Spiegel lernt er Emotionen und Stimmungen erfühlen, die sonst unreflektiert verfließen"[199].

Aufgrund dieser gesteigerten Gefühlszustände, wie sie auch Elias erlebt, entwickelt Berglinger ein ausgeprägtes Suchtverhalten, und er ist tatsächlich vom Anhören der Musik „berauscht"[200]. Später ist es dann die Rührung der Hörer, die seine Selbstgenußsucht befriedigen soll. Berglinger scheitert daher vorrangig wegen der ober-

---

[195] Schoolfield, George C.: The figure of the musician in german literature. Chapel Hill/N.C. 1956. S. 11.
[196] Strack, Kunst, S. 373f.
Vgl. dazu auch Hertrich, Berglinger, S. 160f.: „Denn göttlich ist ihm die Musik eben als Gefühl. [...] Seine Musik-Religion ist Hingabe an die unfaßlich und unerklärbar in den Tönen strömenden Empfindungen. [...] Berglinger fühlt sich bald einer göttlichen Macht anheimgegeben, bald von einer dämonischen Macht verführt. Er erfährt durch die Musik eine ungeheure Steigerung seines inneren Lebens."
[197] Wackenroder, Werke, Bd. 1, S. 216f.
[198] Wackenroder, Werke, Bd. 1, S. 220.
[199] Wiora, Musik, S. 34.
[200] Wackenroder, Werke, Bd. 1, S. 133.

flächlichen Rezeption seiner Werke. Das Publikum empfindet seine Musik nicht als persönliche Aussage, weshalb man von „falsch eingeschätzte[m] Rezeptionsverhalten"[201] seitens Berglinger sprechen kann. Sein Fehler ist demgemäß, daß sich sein ganzes Denken, sein „Anspruch und Ehrgeiz [...] von Beginn an weniger auf die Produktionsbedingungen von Kunst [richten] als auf die soziale Wertschätzung seines ganz persönlichen Künstlertums"[202]. Der Künstler ist, während er musiziert, „von einer unüberbrückbaren Kluft zwischen 'innen' und 'außen': [...] zwischen Intuition und Institution"[203] geplagt.

Die kompositorischen Möglichkeiten Berglingers bleiben dabei stets hinter den Forderungen seiner Phantasie zurück, womit eine Vorgängerschaft zu Kreisler beschrieben ist. Elias dagegen setzt seine Phantasien gänzlich um; er ist sogar in der Lage, die Fähigkeiten seines Instruments entsprechend zu steigern - indem er etwa eine fehlende Stimme selbst singt -, um die Musik, welche er innerlich hört oder fühlt, wiedergeben zu können. Dies ist eine entscheidende Entwicklung, ein wichtiger Unterschied, der sicherlich unterstreicht, daß Elias' eigentliches Scheitern und Leiden nicht auf künstlerischem Gebiet zu suchen sind, sondern auf erotisch-emotionellem Terrain. Das Märchen vom „nackten Heiligen"[204] in den *Phantasien* ist dem Thema der Erlösung des Menschen durch die Musik gewidmet, die Kunst wird zu einem heilenden Mittel; zu *Schlafes Bruder* lassen sich interessante Vergleiche anstellen, weshalb der Text an dieser Stelle kurz betrachtet werden soll.

Der nackte Heilige steht Elias näher, als man zunächst annehmen möchte, wo er doch an einer „gewaltige[n] Angst"[205] vor dem Rad der Zeit leidet, nicht aber an der Liebe oder seinem verkannten Genie; doch er hört und fühlt, was sonst kein Mensch wahrnehmen kann, nämlich das Getöse des Rads der Zeit, so wie Elias das Universum tönen hört, und „er verhält sich zur Metapher nicht sprachlich-reflektierend, sondern ist gezwungen, die Metapher zu 'leben', physisch auszufüllen, indem er selbst das Rad bewegt in ebendem Maße und mit derselben erschöpfen-

---

[201] Thewalt, .Leiden, S. 67.
[202] Thewalt, Leiden, S. 65.
   Vgl. auch ebd., S. 68: Der „Motor seines Künstlertums" sei der „Wunsch nach empfindsamer und vor allem öffentlicher Anerkennung seiner Persönlichkeit".
   Vgl. außerdem Wackenroder, Werke, Bd. 1, S. 136f., das Gebet an die Heilige Cäcilia: „Öffne mir der Menschen Geister,/Daß ich ihrer Seelen Meister/Durch die Kraft der Töne sei".
[203] Lubkoll, Christine: Mythos Musik. Poetische Entwürfe des Musikalischen in der Literatur um 1800. Freiburg i. Br. 1995. S. 136.
[204] Wackenroder, Werke, Bd. 1, S. 201-204: „Ein wunderbares morgenländisches Märchen von einem nackten Heiligen".
[205] Wackenroder, Werke, Bd. 1, S. 201.

den Ruhelosigkeit, wie er durch es bewegt wird"[206]. Phasenweise geht es Elias ähnlich: Er muß seine Fähigkeit, das gesamte Getöse der Welt zu hören bzw. gehört zu haben, ebenfalls physisch ausleben, indem er bis zur Erschöpfung und mit zwanghafter Sehnsucht und Liebe zum Instrument musiziert; die Orgel ist sein Rad.

Im Märchen findet ein „ästhetische[r] Umschlag von Leere in Fülle" statt, „die Fülle (der Zeit) kann sich erst erweisen, wenn sie durch ein Prinzip anschaulich gemacht wird, das ihr strukturell analog ist. Im Fall des Heiligen geschieht das über die Zeit-Kunst Musik. In dem Moment, als Musik erklingt, 'war dem nackten Heiligen das sausende Rad der Zeit verschwunden'"[207]. Auch bei Elias zeigt sich eine Phase der Leere (der fehlenden Liebe), und erst als er wieder musiziert, geschieht es, daß aus Leere (Teilnahmslosigkeit, vgl. SB 151f., und fehlender Lust und Leidenschaft, vgl. SB 152ff.) wieder Fülle (d. h. Liebe, vgl. SB 177) wird. Beim Heiligen wie bei Elias ist es die Liebe - beim einen der Gesang der Liebenden, beim anderen die komponierten Erinnerungen an seine Liebe -, die den ästhetischen Umschlag von Leere in Fülle bewirkt.

Der Hoffmannsche Musikbegriff ist von der Wirkungsästhetik her enger und subjektivistischer als der Wackenroders. „Das Kunstwerk wird radikal nach innen genommen, ist nur noch im Spiegel der Gefühle mühsam zu entziffern."[208] Hoffmann verurteilt eine Instrumentalmusik, in der der Komponist bestimmte Ereignisse oder in Begriffen faßbare Gefühle ausdrücken will. Bilder in Hoffmanns Texten sind oft wenig konkret, „und dort, wo sie der sinnlichen Realität am nächsten kommen, [gehören sie] dem Bereich des erhabenen Naturschauspiels [an]". Die von ihm benutzte Sprache und seine Bilder können dem Traum- und Märchenhaften zugeordnet werden - „ihr Realitätsbezug ist ein scheinbarer"[209].

In der durch die Figur Johannes Kreisler ausgedrückten Ästhetik wird „Musik [...] nicht als Manifestation einer metaphysischen Wirklichkeit verstanden, sondern als Initiator einer Bewußtseinsänderung"[210], alles in der Hoffnung, daß die Realität, wenn sie schon nicht zu verändern ist, so doch zumindest durchschaut werden kann und somit erträglich wird. Der Zweck von Kreislers Musik ist die Erweckung jener Sehnsucht,

---

[206] Naumann, Ideen-Instrument, S. 60f.
[207] Naumann, Ideen-Instrument, S. 64 und Wackenroder, Werke, Bd. 1, S. 204.
[208] Prümm, Karl: Berglinger und seine Schüler. Musiknovellen von Wackenroder bis Richard Wagner. In: ZfdPh 105 (1986) S. 192f.
[209] Feldges, Hoffmann, S. 249.
[210] Thewalt, Leiden, S. 88.

> „die zum einen das Bewußtsein einer duplizitären Weltordnung fördert und zum anderen die Realität des Alltags von deren totalitären Anspruch relativiert - das ist Kreislers romantisches und auch widerromantisches Programm. Es ist widerromantisch insofern, als Musik und Sehnsucht eben nicht nur das Absolute, sondern auch das Bedingte - die Wirklichkeit des Hier und Heute - zum Ziel haben"[211].

Sein „Ideal des künstlerischen Schaffens"[212] erlebt Kreisler im *Kater Murr* bei der Komposition des Agnus Dei. Eine zum Engel erhöhte Julia gibt ihm das Werk im Traum ein, es wird ihm also aus seinem Innern zu Bewußtsein gebracht. Grundsätzlich fehlt Kreisler als Künstler allerdings die Möglichkeit, sein Werk formal zu gestalten, es niederzuschreiben. Elias ist Kreisler in letzterem sehr ähnlich, auch er ist nicht in der Lage, seine Werke zu schriftlich zu fixieren - er empfindet dies aber nicht als Mangel, weil er ein vollkommen anderes Verständnis von Musik hat; er sieht seine Kompositionen nicht als Kunstwerk. Während bei Kreisler „der materielle Erfolg korrumpiert [und] in letzter Konsequenz zum Stigma unreinen Künstlertums [wird]"[213], steht für Elias der mögliche materielle Erfolg, den Peter ihm nach dem Orgelwettbewerb in Aussicht stellt, nicht zur Debatte, weil er die Musik in einem ganz eng gesteckten subjektiven Rahmen sieht, nämlich als allein seinen Gefühlen entsprechende, dieselben ordnende Macht. Elias ist der Gedanke fremd, sich vorzustellen, welche Wirkung seine Musik auf andere, ihm unwichtige Menschen haben könnte, es bleibt für ihn belanglos. Musik hat keinen Kunstwerkcharakter für ihn, Musik ist ihm ganz subjektiv Sprachrohr und Medium, um sich auszudrücken, - in erster Linie, um sich selbst zu finden, in zweiter Linie auch, um Elsbeth zu bezaubern (vgl. SB 96: „er spielte für Elsbeth").

Mit Wackenroder gemeinsam zeigt Hoffmann „jene im Manierismus wieder auflebende neuplatonische Vorstellung [..], daß das Kunstwerk nicht in erster Linie auf Nachahmung der Natur zurückgehe, sondern auf eine idea, ein inneres Bild des Künstlers von seinem zukünftigen Werk. Dieses Bild ist ursprünglich und stammt aus einer überirdischen Welt". Diese dem Künstler innewohnende idea muß allerdings erst erweckt werden - bei Wackenroder mit göttlicher Hilfe, bei Hoffmann durch die „Einwirkung einer äußeren Gestalt"[214]. In der Forderung nach dem irdischen Kunstwerk als Abbild einer überirdischen Welt treffen sich also beide, außerdem ist „für beide [...] die Musik wegen ihrer Formlosigkeit und Unbestimmtheit die höchste Möglichkeit zum Ausdruck von Gefühlen"[215].

---

[211] Thewalt, Leiden, S. 89.
[212] Thewalt, Leiden, S. 86.
[213] Thewalt, Leiden, S. 97.
[214] Frey, Künstler, S. 18.
[215] Frey, Künstler, S. 92.

Um Johannes Elias Alder weitergehend mit Joseph Berglinger und Johannes Kreisler zu vergleichen, muß der Motor seines Künstlertums in Absetzung zum bisher Geschilderten betrachtet werden, denn dieser Antrieb ist es, der ihn am grundlegendsten von den beiden romantischen Musikern unterscheidet.

Elias ist eine ungeheure Gabe geschenkt, die weit über reine Musik hinausgeht, sein Genie ist also nicht nur reines Musiker- bzw. Komponistengenie. Er hat ein unglaubliches Gehör und ein faszinierendes Imitations- und Stimmentalent, das ihn die Musik so mühelos erlernen und spielen läßt, er ist in der Lage so sehr in eine musikalische Welt einzutauchen, daß es zu Synästhesien kommt - „er sah das Tönen" (SB 36).[216] Diese ungeheure Gabe ist verbunden mit einem mächtigen Drang, sie auszuleben; es zieht ihn förmlich zur Orgel. Neben diesem ihm innewohnenden Trieb gibt es in den Phasen, in denen seine Liebe zu Elsbeth geweckt ist, außerdem den Drang, sein Talent für die angebete Geliebte weiter zu formen (vgl. SB 98: „Er fing an, sein Talent auf das äußerste zu fordern, denn er spielte für Elsbeth."). Ein weiteres wichtiges Element, das den Antrieb und kurzfristigen Erfolg des Musikers in *Schlafes Bruder* ausmacht, ist die soteriologische, also die heilende, geradezu erlösende Wirkung der Musik. Nicht nur ihn selbst heilt sie, läßt ihn wieder lieben (vgl. SB 177), auch auf die Zuhörer wirkt sie erlösend, läßt diese „lammfromm" (SB 115) werden oder gar den „Himmel" (SB 179) sehen. Die Musik hat sowohl auf Elias als auch auf seine Zuhörer einen kurzfristigen kathartischen Effekt.

Wenn Elias die Kirchenmusik im wahrsten Sinne des Wortes „weiterführt" und interpretiert, macht er diese Musik dann auch zur „Trägerin einer romantischen Idee"[217], im Sinne einer bewußtseinsändernden Macht, oder scheitern diese und ähnliche Fragestellungen nicht immer wieder daran, daß Elias sich kaum Gedanken um seine gesellschaftliche Stellung als Organist und den Rang seiner Musik in der Gesellschaft macht? Ist es etwa sein Ziel, die Zuhörer fromm zu stimmen, oder tut er nicht einfach das, was er tun muß, nämlich die Musik zu spielen, die ihm selbst angemessen scheint, die innerhalb seiner Möglichkeiten liegt? Ebenso wie für Mozart gegolten haben mag, daß ihm das Wortvermögen zur „Selbstaussprache seiner Innerlichkeit" fehlte und eine „Selbstreflexion seiner schöpferischen Subjektivität" kaum stattgefunden hat (s.o.), gilt sicher auch für Elias, daß ihm jede sprachliche und theoretische Möglichkeit fehlt - fehlen muß -, sich als Künstlerexistenz zu

---

[216] Die Synästhesie ist ein häufig von romantischen Dichtern gewähltes Stilmittel, um eine Übertragung und Wiedergabe von bildkünstlerischen und musikalischen Eindrücken in der Literatur zu ermöglichen. Schneider benutzt dieses Stilmittel mehrmals, z. B. SB 69: „eine Melodie [...], die so geheimnisvoll glänzte wie das Kerzenlicht im Goldkelch des Kuraten".
[217] Thewalt, Leiden, S. 124.

problematisieren und selbst zu thematisieren. Sicherlich ist die Funktion der Musik in *Schlafes Bruder* aber dergestalt, daß Elias den Umweg über die Musik gehen muß, um zur (vermeintlichen) Erkenntnis zu gelangen, - und zum Glück ist seine sinnliche Wahrnehmung mehr als nur „differenziert". Ohne seine Gottesgabe wäre er wohl gar nicht in der Lage, das Chaos der Welt, die ihn umgibt, zu ordnen. Seine Musikalität ist also im Prinzip die einzige Chance für ihn, sich überhaupt in der Welt zurecht zu finden und seine eigenen Empfindungen zu erkennen bzw. zu analysieren und zu verstehen. Dies ist sein innerster, ihn instinktiv drängender Antrieb.

Elias ist ebenso wie Kreisler nicht in der Lage, seine Werke schriftlich zu fixieren. Zum einen liegt das schlichtweg an der Tatsache, daß niemand ihm das Notenlesen beibringt - beibringen will -, zum anderen wohl auch daran, daß seine „Musik [...] nicht für Partituren [...] geschaffen [ist], sondern ausschließlich der unmittelbaren Wirkung zuliebe"[218]. Man muß natürlich dahingehend einschränken, daß Elias die Musik nicht in erster Linie um der Wirkung auf andere Hörer willen schafft - von Elsbeth einmal abgesehen, wenn sie denn überhaupt zugegen ist -, Elias ist sich zunächst selbst der wichtigste und maßgebliche Zuhörer.

Bei Berglinger wie bei Elias, ist es so, daß indem „die Musik konkrete Erlebnisse entwirklicht und idealisch verklärt wiedergibt, [...] [sie] die Spannung zwischen erlebter Gegenwart, welche mannigfache Makel der Unvollkommenheit trägt, und wiedererlebter, musikalisch erinnerter Vergangenheit [erhöht]"[219]. Gleichzeitig wird das Geschehen durch die Musik verklärt, „sie verdichtet (entzeitlicht) und entmaterialisiert (enträumlicht) das Geschehen zu einer reinen Empfindung"[220].

In den letzten Stücken der *Phantasien* äußert Wackenroder eine Facette der Kunst, die hinsichtlich *Schlafes Bruder* bemerkenswert erscheint: Kunst „wandelt sich nun in eine menschliche Veranstaltung, die stärksten und schönsten Augenblicke des Gefühlslebens [...] aufzubewahren, um sie beliebig zu erneuern [...]. Mit ihrer Hilfe kann der Mensch jene vergangenen Gefühle wieder wachrufen"[221]. Elias nutzt die Musik in eben diesem Sinne, in dieser Funktion, wenn er in der Kirche die Vergangenheit wachruft (vgl. SB 176f.). Auch ähnelt der Zustand, in dem sich Elias während und nach seinem Feldberger Orgelvortrag befindet, frappierend dem Zustand, den Berglinger sich erhofft:

---

[218] Schlösser, Einzigartigkeit, S. 88.
[219] Kielholz, Wackenroder, S. 91.
[220] Kielholz, Wackenroder, S. 90.
[221] Fricke, Gerhard: Wackenroders Religion in der Kunst. In: Fricke, Gerhard: Studien und Interpretationen. Frankfurt a. M. 1956. S. 206.

> „Die Erlösung, deren Berglinger durch die Musik teilhaftig zu werden glaubt, besteht in [...] ihrer heilenden Kraft. Sie heilt alle Leiden der in das Irdische verstrickten Seele, indem sie sie in einen Zustand unerklärbarer Euphorie emporhebt, der den Musikberauschten mit einer 'gewissen erhabenen und ruhigen Wehmut auf die ganze wimmelnde Welt' herabschauen läßt. Sie befreit von allen Fragen und Zweifeln, die die Seele schwindeln machen, und scheint einen Halt zu gewähren in der Ungesichertheit alles Irdischen."[222]

Elias findet in der Musik nicht nur Halt, sondern auch einen Weg zur Einsicht. Er hat am Ende die Erkenntnis, daß, wer sich allein der Kunst hingibt und in ihr Erlösung vom Leben sucht, in Schuld und Verdammnis fällt, eine Erkenntnis, die Wackenroder durch die Figur des Musikers Berglinger dichterisch beweist.

Es bleibt die Frage, inwiefern Elias' tragisches Ende dem „typischen" oder „favorisierten", weil notwendigen Ende des Musikers in der romantischen Musiknovelle entspricht. Schließlich wird „in den Musiknovellen [...] das tragische Ende beinahe Grundbedingung des ästhetischen Gelingens. Der Musiker hat die Spannung zwischen Realität und Kunstideal auszutragen, er zerbricht an ihr und er *muß* scheitern, so will es das theoretische Konzept, um das Ideal zu behaupten"[223].

Obwohl die Hintergründe, nämlich ein Ideal der Musik, das Kreisen um Leben, Musik, Leiden und Erlösung, in *Schlafes Bruder* in einigen Punkten, z. B. der Liebesproblematik, andersartig sind, kann man dieser „Grundbedingung" auch für Elias' Schicksal eine gewisse Gültigkeit nicht absprechen.

Eine nähere Verbindung von *Schlafes Bruder* zur romantischen Künstlertheorie ist nur schwerlich herzustellen, weil die ganze Fragestellung nach den Zusammenhängen oder dem Gegenspiel von Musik und Philistertum, von Komponist und Publikum nicht in diesem Maße vorhanden[224] - oder auch unerheblich ist, denn es geht weniger um die Musik selbst, die abgelehnt oder „falsch" genossen bzw. verstanden werden könnte, vielmehr wird die Ablehnung nicht des eigentlichen Künstlers, sondern des Menschen an sich thematisiert, dessen Natur und Stigmatisierung der Umwelt fremd und unheimlich ist, die ihr Angst macht. Sehr wohl aber muß festgehalten werden, daß die Zusammensetzung des Genies in *Schlafes Bruder* deutliche Elemente romantischer Künstlerfiguren aufweist. Die Geschichte verweist immer wieder auf die bekannten Musikernovellen der romantischen Dichtung, spielt mit der dualistischen Weltsicht und Musikanschauung der Epoche.

---

[222] Hertrich, Berglinger, S. 183.
[223] Prümm, Berglinger, S. 203f.
[224] Eine grundsätzliche Nähe zum Künstlerbild Hoffmanns, nämlich die Darstellung des Künstlers als Erwählter und zugleich Verfluchter, ist jedoch nicht von der Hand zu weisen.

5. Das Genie und die Liebe

> „Oh, er wolle Elsbeth ein guter und ehrenhafter Mann werden!
> Und wenn Gott und die Heiligen ihm die Kraft dazu gäben,
> würde er sie sein Lebtag nicht begehren.
> Er wolle ihr zeigen, daß die wahre Liebe
> nicht das Fleisch sucht,
> sondern sich ganz an die Seele verschenkt."
> (SB 108)

5.1 Zwischen Liebe und Kunst

5.1.1 Gründe des Scheiterns

Elias fühlt zwei Stimmen in sich, die der Musik und die der Liebe; zwischen diesen beiden ist er hin- und hergerissen und durch dieses Zaudern auch unfähig, eines von beiden konsequent auszuleben. „Am Schluß entscheidet er sich für die Liebe und gegen die Musik, und das ist sein Untergang."[225] Der Erzähler läßt mit dieser Entscheidung eine Auflehnung gegen Gott einhergehen (SB 96), vergißt dabei scheinbar, daß auch die Liebe Teil des „verschwenderischen Planes" (SB 95) sein muß, denn sie ist ebenso wie das Talent vorherbestimmt.

Dieser Zwiespalt, der Elias über einen längeren Zeitraum untätig gefangenhält, klingt an die negative Passivität an, mit der Wackenroder die Musik stellenweise besetzt: „Die Verführung der Musik zu jener Gleichgültigkeit erscheint ihm, da völlige Passivität ihre letzte Folge ist, als Vergiftung", so kommt es, daß Wackenroder die Musik „aufgrund ihrer zweifachen - positiven sowohl als negativen - Wirkung auf den Menschen als zwiespältig"[226] empfindet. Ein wichtiges Stichwort ist an dieser Stelle das „Dämonische" der Musik, denn „in Bezug aufs Menschliche [ist sie] sowohl gut als auch böse", was „eine typische Eigenschaft des Dämonischen [ist]"[227]. Eben diese dämonische Eigenschaft verkörpert auch die Musik in *Schlafes Bruder*; sie ist zum einen Quell der Liebe und Kraft für Elias, zum anderen aber auch Ursache für die Passivität und Sprachlosigkeit, mit der er Elsbeth begegnet. Die Musik verhindert die lebenswichtigen Worte. Eine Art Liebesgeständnis, das Elias Elsbeth macht, zeigt dies deutlich: „Das Postludium habe ich nur für dich gespielt. Weißt du, daß wir von derselben Art sind?" (SB 116) Elias versucht, seine

---

[225] Kruse, Interview, S. 100.
[226] Kahnt, Bedeutung, S. 112f.
[227] Kahnt, Bedeutung, S. 113.

Zuneigung und seine enge gefühlsmäßige Bindung über die Musik und mit dem musikalisch geprägten Bild der Herzen, die im gleichen Rhythmus schlagen, auszudrücken. Die musikalische Welt, in der er sich hier auch sprachlich bewegt, ist Elsbeth jedoch nicht zugänglich, „sie begriff nicht, wovon er da eben geredet hatte" (SB 116). In der Sprachlosigkeit, dem Unvermögen, Gefühle direkt an- und auszusprechen, oder besser: in der Unterschiedlichkeit ihrer Sprachen liegt einer der Hauptgründe des Scheiterns der Liebe.

Nach dem Besuch des Schaupredigers Corvinius Feldau von Feldberg und dessen bedeutungsschwangeren Worten „Wer schläft, liebt nicht!" (SB 103), glaubt Elias, endlich seine Bestimmung gefunden zu haben. Er nähert sich Elsbeth und führt sie während eines Spaziergangs zur Passionszeit sogar zum Ort seiner Erweckung, jenem mystischen wasserverschliffenen Stein. Hier zeigt sich, daß Elias Elsbeth in seine innersten Geheimnisse einweihen will, aber es wird klar, daß sie ihm nicht folgen kann - „das Erwartbare [die unglückliche Liebe] kündigt sich also an"[228]. Am Bachbett der Emmer kommt es nämlich zu einer Szene, welche die unterschiedlichen Liebesvorstellungen - und somit den zweiten Grund für das Scheitern der Liebe - der beiden deutlich macht: Elsbeth führt ihn unbewußt mit ihren weiblichen Reizen in Versuchung. Elias widersteht seinem Gefühl und den vermeintlich sündigen Gedanken, wünscht sich aber, er könne Elsbeth beweisen, daß wahre Liebe „nicht das Fleisch sucht, sondern sich ganz an die Seele verschenkt" (SB 108).[229] Er verhält sich beinahe wie ein Zölibatär, was zu einem gewissen Teil auch an seiner Unaufgeklärtheit, einem für die Eschberger typischen Attribut, liegen mag, das sich etwa zeigt, wenn er einen sexuellen Traum nicht in sein Weltbild einzuordnen vermag (vgl. SB 111). Was ihm allerdings vergönnt ist, ist eine geistige Vereinigung mit seiner Geliebten, die für Elias über die aufeinanderpochenden Herzen, die Sitze ihrer Seelen, stattfindet (vgl. SB 78).

Die nicht gestandene und von Elsbeth nicht erkannte Liebe quält Elias „wie eine Krankheit" (SB 119). Deshalb wird sein Glauben unsicher, und er steigert sich in eine leidenschaftliche Marienverehrung hinein. Sein überspanntes Festhalten an den Äußerlichkeiten und Riten des Glaubens offenbart seine mangelnde innere Festigkeit, die Prüfungen und Zweifel, die Elias durchsteht. Die keusche Verehrung der Muttergottes erweist sich außerdem als Ersatz für die unrealisierte Liebe zu Elsbeth

---

[228] Schlösser, Einzigartigkeit, S. 87.
[229] Vgl. auch Moritz, Halbherziges, S. 28f.: „Elias ist ein wackerer Verächter der Fleischeslust. [...] Das Übersinnliche [...] wird nicht durch Auswüchse einer enthemmten Sinnlichkeit beeinträchtigt."

(vgl. SB 121: „Er suchte alles, was mit Elsbeth in Verbindung gebracht werden konnte.").

Elsbeth denkt in weitaus oberflächlicherer Weise über die Liebe nach. Sie fühlt sich Elias zwar durch eine tiefe Freundschaft verbunden, wie Elias selbst verheimlicht sie jedoch „ihre bedeutsamen Gefühlsregungen" (SB 136), denn eigentlich ist „ihr Herz [...] voll" (SB 135) von Liebe. Das Reden über die Liebe findet aber auch bei ihr nur in Gedanken und träumerischen Sequenzen statt (vgl. SB 139). Elsbeth ist ebenfalls repräsentativ für die Eschberger, die „sprachlos bis in den Tod" (SB 136) sind. Der Erzähler macht in diesem Abschnitt noch einmal Elias' Dilemma deutlich: Es nütze nichts, ihn von der Traumwelt in die Realität zu zwingen, und auch eine Erkenntnis des eigenen genialischen Musiktalents sei bedeutungslos, denn Elias würde die Liebe stets über das Genie stellen (vgl. SB 136).

Elsbeth erwählt schließlich einen anderen zum Ehemann, Lukas Alder, und wo zunächst noch keine Liebe ist, erwächst sie aus Gewöhnung.[230] Hier deutet sich Elsbeths pragmatische Liebesvorstellung bereits an. Mit dieser Liebesvorstellung ist sie ganz Kind ihres Dorfes. Was für Lukas spreche, erklärt ihr die Mutter, sei, daß er gut zu den Tieren sei und mit beiden Beinen fest im Leben stehe (vgl. SB 138). Elsbeth macht sich diese Ansicht völlig unreflektiert zu eigen, wie sich in einer beinahe wörtlichen Wiederholung des Ausspruchs der Mutter zeigt: „'Und es stimmt schon', dachte sie, 'der Lukas ist gut zu den Tieren.',, (SB 150) Davon abgesehen, hat Elsbeth die körperliche Seite der Liebe mit Lukas, jene fleischliche Lust, die Elias so verpönt, sehr gut gefallen: „Was sie da mit ihm nach der Kirmes erlebt hatte, das habe sie derart durstig gemacht." (SB 139) Elias in der Rolle eines Ehemanns kann sie sich dagegen kaum vorstellen, er ist ihrer Meinung nach dazu bestimmt, „ein geistliches Oberhaupt, ein Prälat oder am Ende auch ein Bischof" (SB 140) zu werden. Seiner Künstleraura haftet allem Anschein nach auch etwas von einem kirchlichen Würdenträger, etwas Unnahbares, der Bauernwelt Fremdes an.

Zum letzten Mal äußert sich die völlig andersartige Liebesauffassung von Elsbeth im Schluß des Romans. Sie wandert neun Jahre nach Elias' Tod mit ihren sechs Kindern - unter ihnen auch Cosmas, dessen Tod im Jahre 1912 dem Leser aus dem vorangestellten, eigentlich „letzte[n] Kapitel" (SB 10) bekannt ist - zu der Stelle mit dem wasserverschliffenen Stein. Und hier wird klar, daß Elias' Idee, sein ganzes irdisches Streben nach Erfüllung der Liebe, vollkommen gescheitert ist. Cosmas stellt die entscheidende Frage: „Frau Mutter, was meint Liebe?" (SB 204) Elsbeth ant-

---

[230] Vgl. SB 138: „Sie gewöhnte sich sozusagen an den Gedanken, den Lukas Alder dereinst zu ehelichen. Und als das geschehen war, liebte sie ihn."

wortet mit einer zärtlichen, mütterlichen Geste, indem sie ihn küßt und die Kapuze fürsorglich über seinen Kopf zieht. Ihre Liebe, die sie so ausdrückt, erweist sich als mütterlich, familienorientiert, wesentlich erdverbundener, simpler und weniger vergeistigt als die von Elias.[231] Allein in einer Passage berichtet der Erzähler von einem romantischen Traum Elsbeths, in dem sie auf die zärtlichen Küsse eines „Bursche[n] aus der Fremde" hofft und sich „in Gedanken einen lebenswertere Welt" (SB 100) erträumt. Ihre Liebesvorstellung ist trotz allem, im Gegensatz zu Elias' geradezu übermenschlicher und vielleicht genialischer Vorstellung, die eines im positiven Sinne durchschnittlichen Menschen. Sie hat Elias' Sehnsucht nach einer nicht nur körperlichen Liebe, einer Liebe, die nur die Seele will, nie nachempfinden können, und vor allen Dingen hat sie niemals begriffen, daß Elias allein ihr Herz gewinnen wollte, daß eben sie jene Liebe war, die er „nicht [hatte] finden können" (SB 204). Die Distanz der Szene zur bisherigen Geschichte wird noch vergrößert, indem sie Elias vor den Kindern zu einem geheimnisvollen, ihr „gut bekannt gewesen[en]" (SB 204) Menschen reduziert.

Der wasserverschliffene Stein, den Elsbeth ihren Kindern eigentlich hatte zeigen wollen, ist verschwunden. Angesichts dessen und angesichts der Metapher des Stromes, der den Felsen in einem Unwetter fortgerissen haben muß, ist die auflösende Kraft des Wassers zu betonen, ist festzustellen, daß vermeintlich Bleibendes vergangen ist und daß wir in der Passage wiederentdecken, was in romantischen Werken so oft zu finden ist: „Symbole des Festen (Felsen, Berg, Eiche) reissen, stürzen, werden zertrümmert"[232]. Von Elias und seiner Liebe, der Geschichte seiner Geniewerdung und seines Todes ist nichts geblieben.

Im ganzen Roman bleibt das Herz Elias' „handlungsleitende Instanz, nicht Verstand oder Vernunft". Überhaupt ist „Herz" eine leitmotivische Vokabel, und

---

[231] Hermann Wallmann ist - Cosmas' Frage betreffend - der Meinung, Elsbeth lasse „wie ein befriedigter Erzähler, [...] die Antwort offen, als Kompliment an den 'wachen' Leser, der ihm 'ein guter Freund' geworden ist: Der Bruder des Schlafes ist der Tod, die Schwester der Wirklichkeit die Erzählung". Das Leben gebe die „Antwort auf die Frage des kleinen Cosmas" (Wallmann, Hermann: Wer liest, schläft nicht. Über den Anfang und das Ende von *Schlafes Bruder*. In: Moritz, Rainer (Hg.): Über „Schlafes Bruder". Materialien zu Robert Schneiders Roman. 2. durchges. Aufl. Leipzig 1996. S. 39). Edinger ist ebenfalls der Ansicht, die Frage bleibe unbeantwortet, jedem Leser sei selbst überlassen eine Antwort zu finden, „denn die endgültige Antwort auf diese Frage ahnt nur der Liebende" (Edinger, Kritik, S. 136). Hier muß beiden Autoren entgegengehalten werden, daß Elsbeth, wie oben begründet, keinesfalls die Antwort offenläßt. Cosmas bekommt eine Geste zur Antwort - und diese reicht vollkommen aus.
[232] Kielholz, Wackenroder, S. 81.

die „Sprache des Herzens [bleibt] im Ganzen Richtschnur"[233]. Im Grunde hat Elias seine Art von Liebe - wie auch die Musik - nie selbst erfahren, was heißen soll: vorgelebt oder bewußt vermittelt bekommen. Im Gegenteil: Er wächst in einer Umgebung auf, in der es für die Liebe nicht einmal sprachliche Ausdrucksmöglichkeiten gibt[234]; um so bemerkenswerter ist also die vollkommene und reine Liebe, die Elias in sich trägt und von der er sich lenken läßt. Der Erzähler selbst schreibt, daß Elias' Liebe „ans Unmenschliche grenzt" (SB 95), weshalb Moritz feststellt, „der Text tändelt permanent mit der Verlockung des Inkommensurablen, mit dem Reiz einer 'anderen' Welt"[235] (mit der er natürlich einen Schlüsselbegriff der Romantik, besonders der Hoffmannschen Romantik, anspricht).

5.1.2 Sublimierung der Liebe durch die Kunst

Elias versteht nicht die biologischen Hintergründe seiner erotischen Träumereien, wohl aber deren Annehmlichkeit, ebenso wie es sich bei ihm unverständlichen musiktheoretischen Vokabeln und der für ihn auch ohne diese Vokabeln faßbaren Schönheit der Musik verhält. Dem „Erwachen der Sexualität [folgt] keine Liebesgeschichte, sondern deren Sublimierung durch die Kunst: Alder tritt zum ersten Mal öffentlich als Musiker auf"[236]. Prinzipiell aber gilt: sein öffentlicher Erfolg tröstet Elias nicht dauerhaft über seinen Liebeskummer, womit deutlich wird, daß „die Liebe über allem steht, auch über der Musik"[237]. Seine Liebe gibt Elias die Kraft für die Musik, durch die er der Geliebten in seiner musikalischen Welt nahe kommen kann[238]; diese Musik führt aber zugleich von der realen Elsbeth immer weiter weg. Natürlich will Elias seiner Liebe durch die Musik Ausdruck verleihen, sie läßt ihn nur an der Realität verzweifeln. Schließlich vermag er auch außerhalb der Musikwelt die Realität nicht mehr zu erkennen, wenn er etwa mit „schrecklicher Verzweiflung [...] die Lüge in sich [kultiviert], Elsbeth sei noch unverheiratet, sei unberührt und bleibe es, bis die Zeit und Reife komme, wo er um ihre Hand anhalten würde" (SB 160). Die Sublimierung der Liebe in der Kunst führt in Elias' Fall also auch zu einer

---

[233] Moritz, Halbherziges, S. 22f.
[234] Vgl. auch Malek, Gesellenstück, S. 22: „Die Menschen können die wichtigen Gefühle des Lebens nicht artikulieren. In unserem [vorarlbergischen] Dialekt ist es z. B. unmöglich, einem Menschen zu sagen: Ich liebe dich. Es gibt keine Expression, die das zuließe."
[235] Moritz, Halbherziges, S. 26.
[236] Schlösser, Einzigartigkeit, S. 87f.
[237] Edinger, Kritik, S. 128.
[238] Vgl. z. B. SB 99: „Wenn Elias musizierte, musizierte er für Elsbeth, entwarf Musik, die den Duft ihres laubgelben Haares einfing, das Beben des Mündchens [...]. Er stahl dem Kind ein Geheimnis nach dem anderen [...]."
Vgl. dazu auch Hoffmann, Werke, Bd. 1, S. 354: Auch Kreisler sucht Nähe durch die Musik - „wenn ich dich voll glühendem Entzücken mit Melodien wie mit liebenden Armen umfasse".

realen, erlebten Erhöhung - allerdings im Sinne einer Entfernung vom Greifbaren. Was ihn Elsbeth tatsächlich näher brächte, das wäre, seine Liebe in der Sprache zu artikulieren - nicht in der Musik.

In einigen Erzählungen Hoffmanns werden irdische und eine Art „himmlische Liebe" (an deren Stelle hier Elias' in der Musik ausgelebte Liebe gesetzt werden soll) einander gegenübergestellt. In *Der goldne Topf*[239], fesselt besonders „die Charakteristik beider Welten der Liebe. Die eine, irdische, vorgestellt durch Veronika, wie durch die hinter ihr stehende Alte" will von außen ins Innere hineinwirken, ist ein feindliches Prinzip. Vergleicht man Serpentinas (als Vertreterin der himmlischen Liebe) Wirkung auf Anselmus damit, so zeigt diese auf den ersten Blick ganz ähnliche Anzeichen: „Auch sie dringt 'zerstörend' in das Innere des Menschen und auch sie entzweit diesen mit sich selbst [...]. Und doch sind beide Welten der Liebe in ihren Wirkungen auf Anselmus einander entgegengesetzt"[240]. Wie läßt sich diese Hoffmannsche Gegenüberstellung nun auf *Schlafes Bruder* beziehen? Auch dort wird die irdische Liebe der geistigen gegenübergestellt: Die irdische Liebe, besonders verkörpert durch Elsbeth, versucht sich auch in Elias freizukämpfen, läßt ihn von körperlicher Nähe zu Elsbeth träumen, beschert ihm nächtliche Samenergüsse, doch immer wieder wehrt er sich gegen diese Gefühle, scheint sie nicht einmal richtig zu begreifen. Er will nur die geistige Liebe, die er in den Bildern seiner Musik erlebt und die er als Offenbarung erfahren hat. Wir finden die geistige Liebe in Elias' Leben also nicht in einer Romanfigur verkörpert wie bei Hoffmann, sondern in den Abbildern Elsbeths in seiner Musik. Der Widerstreit von musikalischem Ideal und nicht ausgelebter Realität wirkt zerstörerisch auf Elias. Die irdische Liebe läßt ihn an seiner Sündhaftigkeit und Unzulänglichkeit leiden, die geistige Liebe, die er in den Vorstellungen seiner Musik und in Träumen erlebt, quält ihn, indem sie ihm zunächst drastisch die Ferne ihrer Erfüllung vor Augen führt und am Ende schließlich eine vermeintliche Erfüllung im Tode nahelegt.

Auch das Initiationserlebnis von Anselmus unter dem Holunderbusch[241] weist starke Parallelen zu *Schlafes Bruder* auf: Anselmus wird sozusagen die „Sprache der Natur" erschlossen, und irgendwann leuchten „ihm aus dem Dreiklang die herrlichen dunklen Augen Serpentinas [...]"[242] entgegen. „Der Student Anselmus, bzw. der in

---

[239] Hoffmann, Werke, Bd. 1, S. 210-304.
[240] Mülher, Robert: Liebestod und Spiegelmythe in E.T.A. Hoffmanns Märchen *Der Goldne Topf*. In: ZfdPh 67 (1942) S. 43.
[241] Vgl. Hoffmann, Werke, Bd. 1, S. 215ff.
[242] Wührl, Paul-Wolfgang: E.T.A. Hoffmann: *Der Goldne Topf*. Die Utopie einer ästhetischen Existenz. Paderborn u.a. 1988. S. 66.

ihm verborgene exaltierte romantische Dichter, hat sich [...] in das Idealbild seiner Traumgeliebten verliebt [...]."[243] Auch Elias wird mit dem Herzklopfen als dem Höhepunkt eines Geräuschwunders, das Unvorstellbares offenbart, ein Idealbild vermittelt - eindringlicher als mittels der Herzschläge einer noch ungeborenen und deshalb zunächst irrealen Geliebten läßt sich derartiges wohl kaum erzählen. Anselmus sieht, Elias dagegen hört, wer die vorbestimmte Liebe ist.

5.2 Die romantische Liebesvorstellung

5.2.1 Eros und Religion

Novalis und Friedrich Schlegel halten die Liebe für das größte Wunder und Geheimnis: „Sie ist der Schlüssel zum ewigen Heil und mit Religion schlechthin identisch."[244] Diese hier angedeutete Verbindung von Eros und Religion bedeutet die Aufnahme einer alten Tradition durch die Romantik, „die von archaischen Kulten bis zur christlichen Mystik reicht. [...] Anders als die empfindsame Liebe, die prinzipiell nur seelisch und geschlechtslos ist (dem Eros aber gleichwohl nicht immer auszuweichen vermag), huldigt die romantische dem Körperlich-Sinnlichen"[245]. Elias wäre demnach in seinen Vorstellungen eine Art Zwitter zwischen Empfindsamkeit und Romantik, denn er ist bemüht um reine seelische Liebe - ohne aber erotische Gedanken ganz verdrängen zu können -, wenn er aber Elsbeth in seiner Musik huldigt, tut er es ganz im Gedenken an ihre Körperlichkeit und ihrer beider sinnlichen Einheit.

Pikulik bezeichnet die „Liebesreligion der Romantik [...] allenfalls in einem sehr eingeschränkten und relativen Sinne als christlich". So würden die „Symbole des Katholizismus nur als eine Art Mythologie" betrachtet. „Und einen Mythos, geradezu im archaischen Sinne des Begriffs, hat man auch in der romantischen Heiligung der Liebe zu sehen."[246] Im Leben selbst finden die Romantiker keinen Sinn - „sie suchen es aus dem Jenseits aller Dinge zu begreifen und hoffen auf Erfüllung ihrer Sehnsucht im Tode."[247] So schreibt Novalis: „Der Tod ist das romantisirende Princip unsers Lebens." Und: „Das Leben ist um des Todes willen."[248]

---

[243] Wührl, Hoffmann, S. 67.
[244] Pikulik, Frühromantik, S. 169.
[245] Pikulik, Frühromantik, S. 170.
[246] Pikulik, Frühromantik, S. 171.
[247] Jaffé, Aniela: Bilder und Symbole aus E.T.A. Hoffmanns Märchen *Der Goldne Topf*. 3. veränd. Aufl. Zürich 1986. S. 193.
[248] Novalis, Schriften, Bd. 3, S. 559 u. Bd. 2, S. 416.

5.2.2 Die Zerrissenheit des Künstlers

In Wackenroders Berglinger-Texten fehlt eine Liebesgeschichte an zentraler Stelle wie bei Elias oder Kreisler. Berglingers eigentliche Tragik ist, „er konnte sich vor seinem zerrissenen Herzen nicht erretten"[249] - sein Herz ist allerdings zerrissen wegen des Todes des Vaters und des Elends der Geschwister. Was nicht vorhanden ist, ist die irdische Liebe, „die Hingabe an die Kunst ist hier das einzige Liebeserlebnis"[250]. Bei Elias ist es die Liebe, die wie ein Gift in ihm seine Wirkung tut, das Gott ihm verabreicht hat (vgl. SB 143: „Du hast mich vergiftet."). Berglinger dagegen trägt „wie sein Vater [...] ein 'heimliches, nervenbetäubendes Gift' in sich [...], wird [...] von etwas, das wie Gift wirkt, völlig durchdrungen werden. Josephs Hang zur Musik wird wie des Vaters medizinische Passion als eine betäubende Droge wirken"[251].

In der romantischen Literatur taucht immer wieder die Muttergottes im Zusammenhang mit Liebe und Religion auf. So in Novalis' *Ofterdingen*, wo „die gestorbene Mathilde [...] für Heinrich [...] mit der Mutter Gottes [verschmilzt]"[252]. Kluckhohn spricht hier von „einer doppelten Mittlerschaft". Denn die „Geliebte ist Mittlerin zwischen dem Dichter und Gott, und zwischen die Geliebte und Gott schiebt sich die Mittler-Gestalt der Mutter Gottes"[253]. Zumindest die Muttergottes als „Mittler-Gestalt" zur Geliebten zeigt sich auch in der Marienverehrung von Elias. Ebenso wie bei Novalis machen sich auch bei Friedrich Schlegel „Züge einer erotisch angehauchten Marienverehrung bemerkbar [...], die der ursprünglich auf protestantischem Boden entsprossenen Romantik katholisierende Züge"[254] verleihen. Und auch Wackenroders Berglinger zeigt sich von der Muttergottes stark bewegt:

> „Die Verse der Mariensequenz 'Stabat Mater' betrachten die Schmerzen der Mater Dolorosa. Sie vergegenwärtigen der teilnehmenden und um Teilhabe bittenden Seele, wie das Herz der Schmerzhaften Mutter unter dem Kreuze vom Schwert des Schmerzes durchbohrt wird. [...] Sie bewegen Berglingers Seele umso tiefer, als er sich selbst peinvoll bedrängt fühlt. Unausgesprochen stellt sich zwischen dem Schmerz der Muttergottes und Berglingers Bedrängnis eine Analogie her."[255]

---

[249] Wackenroder, Werke, Bd. 1, S. 143.
[250] Benz, Welt, S. 61.
[251] Hertrich, Berglinger, S. 27 und Wackenroder, Werke, Bd. 1, S. 131.
[252] Kluckhohn, Paul: Die Auffassung der Liebe in der Literatur des 18. Jahrhunderts und in der deutschen Romantik. Halle 1922. S. 483.
[253] Kluckhohn, Auffassung, S. 483.
[254] Pikulik, Frühromantik, S. 171.
Vgl. auch S. 172: „In der Frau winkt dem Mann, der in der romantischen Dichtung immer auf der Suche nach dem Weiblichen ist, die Erlöserin."
[255] Hertrich, Berglinger, S. 33.

Eine Analogie des Schmerzes zwischen der Muttergottes und Elias läßt sich in dieser Art nicht festmachen, wohl aber eine Analogie in der Liebe. Maria verkörpert für Elias in gewisser Weise Elsbeth, und die reine Liebe, ja, Verehrung, die er dieser entgegenbringt, würde er jener nur zu gerne offenbaren, denn sie ist das eigentliche Ziel. In Elias' Marienverehrung zeigt sich deutlich seine Liebesvorstellung; es ist kaum möglich, eine irdische Entsprechung für sie zu finden, ist sie doch ganz auf eine vom Irdischen losgelöste, im positiven Sinne „unmenschliche" Verbundenheit und Hingabe ausgerichtet. Das bei Berglinger geschilderte Motiv des Schmerzes, der die Seele durchbohrt, läßt sich insofern als analog zu Elias betrachten, als es hier wie dort ein Leitmotiv ist. „Am Anfang und Ende von Berglingers musikalischem Leben steht das Thema der Passion, an das erzählerisch all das Leiden geknüpft ist, das der Drang zur Musik über Berglinger bringt - Musik und Passion sind in Berglingers Leben miteinander verquickt."[256] In *Schlafes Bruder* verursacht weniger der konkrete Drang zur Musik als die oben geschilderte Problematik in Verbindung mit der Liebe die Passion; doch die Musik, insbesondere die Passionsmusik, bietet Elias ein Ventil für sein Leiden, er findet Trost in ihr, sie stimuliert ihn. Eine Verquickung findet also statt, aber auf einer anderen Ebene als bei Berglinger.[257]

Der Tod der Mutter steht in engem Bezug zu Berglingers Liebe zur Musik. Mit „Hilfe des Textes von Pergolesis Stabat mater wird die abwesende Mutter zunächst einmal durch eine 'lebende' Madonna ersetzt, wobei die mit dem Attribut des Schmerzes beladene 'mater dolorosa' [...] zugleich auch auf das Sterben der realen Mutter verweist"[258]. Aus dem Text ergibt sich:

> „Die Mutter lebt, aber der Sohn (Christus) ist tot. Daraus ergibt sich für den Sohn (Berglinger) eine Art Programm: Will er zur Mutter gelangen, dann muß (oder kann) er eine doppelte Nachfolge antreten: Er muß sterben wie sie und sterben wie Christus. Das bedeutet aber auch: Er muß zunächst ein Werk 'vollbringen' und das Opfer des Lebens leisten."[259]

Ein derartiges Programm ist hinter Elias' Marienverehrung nicht auszumachen. Sie dient ihm allein als Ventil, läßt ihn durch den Blumenstrauß der Nulfin am Mutter-

---

[256] Hertrich, Berglinger, S. 35.
[257] Vgl. dazu SB 120: „Rückte das Jahr zur Passionszeit, schien der musikalische Eifer wieder zu erwachen. Das Leiden Christi war ihm immer schon ein Anliegen gewesen. Fast möchten wir sagen, daß es ihn zum Komponieren recht eigentlich stimulierte."
[258] Lubkoll, Mythos, S. 150.
[259] Lubkoll, Mythos, S. 151.
Vgl. auch Richards, Berglinger, S. 139: „For Joseph Berglinger, however, because of his radicality and resultant incompatability with his times, only death - not music - can provide the ultimate release."

gottesaltar (vgl. SB 121) eine Verbindung zu Elsbeth finden und symbolisiert in gewisser Weise seine Liebesvorstellung einer verehrenden, reinen und geistigen Beziehung.

In Hoffmanns Künstlernovellen wird besonders das Gestaltenpaar des Künstlers und des Philisters herausgearbeitet, wobei der Philister „durch seine Oppositionshaltung zur poetischen Welt und zum Künstler gekennzeichnet ist. Der Philister ist [...] eigentlich ein genereller Gegentyp zum romantischen Menschen"[260]. Eine derartige Abgrenzung von der poetischen zur prosaischen Sphäre - neben Einbildungskraft und Kunstauffassung - wird bei Hoffmann auch im Bereich der Liebe vorgenommen, „weil hier Phänomene, an denen Philistergeist und Künstlergeist sich notwendig scheiden müssen, in engster Kombination auftreten"[261]. Denn in der Philisterwelt wird nicht nur die Kunst, „sondern auch die ihr in der höheren Sphäre so bedeutungsvoll zugeordnete Liebe entweiht."[262] So ist die Künstlerliebe von unerfüllbarer und darum ewiger Leidenschaft geprägt, die Philisterehe dagegen ist „eine Sache des Verstandes, der Konvention und der Bequemlichkeit"[263]. Hoffmanns Künstlergestalten offenbaren, „daß die fast religiöse Verklärung der Kunst und die Spiritualisierung der Künstlerliebe mit einer gewissen Folgerichtigkeit auch zur Forderung des Künstlerzölibats führt"[264]. Demgemäß ließen sich auch an Elias Züge Hoffmannscher Künstler festmachen.

Johannes Kreisler erfährt erstmals als Knabe in seiner Tante Sophie „die glückbringende Einheit von Liebe und Musik"; der Tod der Tante beendet jedoch die glückliche Zeit und „verhindert offenbar eine harmonisch-künstlerische Erziehung und innere Ausbildung des Knaben"[265]. Zum zweiten Mal erlebt er die Verbindung von Liebe und Musik angesichts einer Nonne im Clarissinnenkloster. Diese Verschmelzung von Musik und emotionaler Bindung ermöglicht erst Kreislers Künstlertum, sie wird „Leitthema seiner Lebensgeschichte"[266]. Dieser Satz gilt wohl auch für Elias, er wäre sogar eine Begründung für den tragischen Konflikt, den Gott in ihm angelegt hat. Emotionen im Orgelspiel auszuleben und dabei Emotionen bei den

---

[260] Schneider, Karl Ludwig: Künstlerliebe und Philistertum im Werk E.T.A. Hoffmanns. In: Steffen, Hans (Hg.): Die deutsche Romantik. Poetik, Formen und Motive. Göttingen 1967. S. 200.
[261] Schneider, Künstlerliebe, S. 201.
[262] Schneider, Künstlerliebe, S. 210.
[263] Schneider, Künstlerliebe, S. 211.
[264] Schneider, Künstlerliebe, S. 213.
[265] Thewalt, Leiden, S. 80.
[266] Thewalt, Leiden, S. 81.

Zuhörern zu wecken, sind Sinn und Wirkung seiner Musik, lassen ihn aber Emotionen außerhalb dieses Bereichs nicht bewältigen.

Was bei Elias tragisch anmutet, ist bei Kreisler geradezu Programm. Denn die

> „Identität von künstlerischer Liebe und Sehnsucht liegt für Kreisler in deren charakteristischen und freiwilligen Unerfüllbarkeit. Und da Liebe des Künstlers und metaphysische Sehnsucht den Grundgehalt der musikalischen Inspiration stellen, erhält eine solche Musik einen Anspruch auf Ewigkeit, da ihr Gehalt unerfüllbar und damit ewig ist"[267].

Derlei Anspruch ist Elias natürlich völlig fremd, sieht er sich doch keinesfalls als Künstler, weil er wohl nicht einmal weiß, was ein Künstler ist. Kreislers künstlerische Existenz hängt jedenfalls von der platonischen Liebe Julias ab, und „die Gefahr des Wahnsinns [hängt] direkt mit dem Problem der Künstlerliebe und darüber hinaus mit der Diskussion um künstlerische Produktion und Vollendung zusammen"[268]. Kreisler künstlerische Existenz wird bedroht „durch eine Liebe, die, zur sinnlichen Begierde entfacht, Ideal und Wirklichkeit verwechselt"[269].

Johannes Kreisler schwebt die Fiktion eines Ideals vor, das Widersprüche löst, und er findet „einen Abglanz seines Ideals im Bild der unberührten Frau. In Julias Gestalt spiegelt sich die sonst tief im Inneren verschlossene Vision.[...] Seine Liebe wird im zur Quelle künstlerischer Inspiration"[270]. Elias empfindet insofern ähnlich, als daß auch er sein Ideal, seine Vision einer reinen Liebe in Elsbeths Gestalt wiederzufinden glaubt. Das Element der besonders religiösen Natur eines Joseph Berglinger ist „an element not so strongly emphasized in Kreisler but compensated for by the Julia-cult"[271].

Wenn Hoffmann seinen Kreisler gegenüber der Prinzessin Hedwiga von der Künstlerliebe sprechen läßt, nennt er „deren Gegenstand nur die Gestalt gewordene innere Ahnung und Sehnsucht [...], von der er begeistert schafft, die er aber nicht in die gemeine Wirklichkeit der Ehe hinabziehen will, damit er hat und doch nicht hat, und 'die Sehnsucht ewig dürstend fortlebt'"[272]. Könnte Elias seine Liebe

---

[267] Thewalt, Leiden, S. 84.
[268] Thewalt, Leiden, S. 85.
Vgl. auch Feldges, Hoffmann, S. 235: Wie für Hoffmanns Maler „oft das Bild einer idealen Geliebten die Bedingung ihres Schöpfertums ist, so bedarf auch Kreisler eines Engels der Inspiration"; die Liebe Kreisler und Julias ist „eine Liebe, die nicht nach irdischer Erfüllung trachtet, sondern in der lebendigen Geliebten die Verkörperung eines inneren Ideals sucht".
[269] Daemmrich, Horst S.: E.T.A. Hoffmann: Kater Murr. In: Interpretationen. Romane des 19. Jahrhunderts. Stuttgart 1992. S. 234.
[270] Daemmrich, Hoffmann, S. 233.
[271] Schoolfield, figure, S. 25.
[272] Kluckhohn, Auffassung, S. 602.

zu Elsbeth in gleichem Maße in Produktivität umsetzen und ihr mit ebensolcher akzeptierter Sehnsucht begegnen, müßte er nicht sterben. Wiederum ist der Grund sein nicht vorhandenes Künstlerverständnis. Sein Tod dagegen stellt in anderer Hinsicht, nämlich romantischer, ein „Zukunftsideal" dar: „Denn als Zukunftsideal wird derjenige Mensch hingestellt, der sich durch eigene Willkür 'unabhängig von der Natur' macht, der 'sich bloß durch seinen Willen zu töten' vermag, und der 'vermögend sein' wird, 'sich von seinem Körper zu trennen, wenn er es für gut findet'."[273] Zur romantischen Beziehung von Tod und Liebe schreibt Jaffé weiter: „Die Beziehung zur Frau führt zur ersehnten Auflösung im Universum und damit eigentlich zum Tode, so wie auch umgekehrt im Tod der Quell der Liebe fließt. [...] Tod und Liebe werden zu identischen Begriffen."[274]

Hoffmann hat in seine Darstellungen von Liebe Motive aufgenommen, an die man sich in *Schlafes Bruder* erinnert fühlt: In seinem *Kreisleriana*-Text *Ombra adorata!* beispielsweise wird vom Ritornell der gleichnamigen Arie - des Romeo in der Oper *Giulietta e Romeo* von Girolamo Crescentini - gesagt, daß es „von der Sehnsucht [redet], in der sich das fromme Gemüt zum Himmel aufschwingt und alles Geliebte wiederfindet, was ihm hienieden entrissen"[275]. Es folgt ein Textauszug aus dem Rezitativ, das der Arie vorausgeht - Romeo trinkt während dieser Worte das Gift. Allgemein kennzeichnet Hoffmanns Liebesdarstellung der „Glaube an die Vorherbestimmung der Liebe, die im plötzlichen Erkennen blitzartig den Liebenden offenbar wird, eine innere Verbundenheit der Seelen [...], zu deren Verdeutlichung nur die Erscheinungen des Magnetismus herangezogen werden oder frühe Kindheitserlebnisse"[276].

5.3 Liebe und Tod - der Romanschluß

Zum Zusammenhang von Liebe und Tod im Sterbekapitel gibt es unterschiedliche Stimmen: Moritz meint, die Eingangsformel „Wer liebt, schläft nicht" erweise „sich als anarchisches Prinzip, das das Vage und Unverbindliche über Bord wirft"[277]. Tatsächlich sieht Elias in der Reduzierung seiner Probleme auf diese Formel ein Prinzip, das ihm Klarheit verschafft und eine Lösung bietet. In seiner Radikalität und Anarchie steckt das für Elias so Naheliegende und zugleich Endgültige. Schaub in-

---

[273] Jaffé, Bilder, S. 197.
[274] Jaffé, Bilder, S. 205.
[275] Hoffmann, Werke, Bd. 1, S. 35f.
[276] Kluckhohn, Auffassung, S. 604f.
[277] Moritz, Halbherziges, S. 24.

terpretiert die Wahl des Todes von Elias „als Selbstbestrafung für das Ermatten seiner Leidenschaft"[278]. Eine irrige Interpretation, bedeutet sie doch, daß Elias in der Bestrafung sein Heil sucht. Dem ist nicht so, wenn es auch den Anschein haben mag. Elias glaubt in der Tat an die Kraft und Wahrheit der Formel „Wer liebt, schläft nicht", er sieht ihre Durchführung als Prüfung, aber nicht als Strafe. Sie ist sein Weg und sein Schlüssel zum Ziel. Nach Körtner bleibt die Liebe, da sie längst erkaltet ist, als Elias' wahrer Gott „nurmehr eine Idee, eine selbst erzeugte Projektion", er lasse „das Bild seiner Liebe noch einmal erstehen, obwohl er weiß, daß es sich bei dieser Hoffnung um eine Chimäre handelt"[279]. Weiß Elias das tatsächlich? Ist es nicht so, „daß er wieder liebte" (vgl. SB 177), also von ganzem Herzen liebte? *Seine* Liebe ist nicht länger erkaltet und so auch keine Chimäre, was dagegen fehlt, ist die vollkommene Entsprechung auf Elsbeths Seite bzw. seinerseits das Erkennen der Gottesliebe als eigentlicher und einziger Entsprechung zu seiner Liebesvorstellung.

Was bei der Betrachtung der Todesumstände nicht vergessen werden darf, ist die Tatsache, daß der Prediger, aus dessen Mund Elias die Formel zu seiner vermeintlichen Erlösung vernommen hat, von dem er weiß, daß nur „wer sich für immer der Liebe [verschreibt], [...] nur der gehe ins Paradies" (SB 103), daß dieser Prediger ein Lügner ist, ein „Scharlatan", der eine „Schaupredigt" hält (SB 103). Seine Beschreibung von Liebe ist das Gegenteil der Liebe, die Elias wünscht. Er hat bei der Predigt „nicht die ordinäre Absicht" erkannt, er begreift nur „das unglaublich Anarchische der Worte" (SB 103). Das Anarchische also ist es, das ihn fesselt, das ihn an die richtige Lösung und die Wahrheit der Predigt glauben läßt. Zunächst bewirken die Worte noch das Gegenteil einer Todessehnsucht in Elias, er meint, er müsse sich vor Glück über die endlich gefundene Bestimmung „festhalten an dieser großen, runden, schönen Welt" (SB 104); erst nach einer weiteren Leidensstrecke und dem offenbarenden Orgelkonzert wird ihm wirklich bewußt, daß sein Ziel nur durch Überschreiten menschlicher bzw. irdischer Grenzen erreichbar ist.

Ähnlich wie in Novalis' *Ofterdingen* erweist sich auch für Elias' Liebesverständnis, daß „die Liebe zur Geliebten und zu Gott [...] wesenseins [sind] [...]; und diese eine Liebe reicht über die Schranken des diesseitigen Lebens hinaus [...]". Für Novalis kristallisiert sich „alle Liebe [...], die zu Gott, die zum All, zur Natur, [...] in der Liebe zur Geliebten und [sie] empfängt erst durch den Tod letzte Verklärung und Rei-

---

[278] Schaub, Schneider, S. 45.
[279] Körtner, Liebe, S. 97.

fe"[280]. Elias' Denken ist im Liebesverständnis von Heinrich und Mathilde wiederzufinden: „Ihre Liebe ist [...] nicht gebunden an die irdische Erscheinung und darum zeitlos, so daß die Liebenden auch glauben, sich seit undenklichen Zeiten schon zu kennen"[281]. Die Liebe zu Elsbeth ist ebenfalls nicht an ihre irdische Erscheinung gebunden, Elias liebt sie schon vor ihrer Geburt, auch er glaubt, sie seit undenklichen Zeiten zu kennen. In seinem Fall bleibt es allerdings bei einseitiger Erkenntnis, er kann Elsbeth ihre vorbestimmte Liebe nicht vermitteln.

Mit der Inszenierung seines Todes befolgt Elias (wiederum ohne künstlerische Zielsetzung durch die Romanfigur) ein romantisches - lyrisches - Programm: Was hinsichtlich „gespaltener Liebe" in Heines Gedichten entdeckt und für einen Großteil der romantischen geistlichen Lyrik festgemacht werden kann, ist, „daß das geistliche Gedicht der deutschen Romantik nie das Paar gemeinsam, Hand in Hand und Leib an Leib, vor den wiedergewonnen Vatergott führt, sondern daß diese wiedergewonnene neue Liebe die Verstoßung des Partners bedingt und fordert. Man kommt nicht mit dem schönen Andern sondern nur von ihm weg zum göttlichen Gegenüber"[282]. Natürlich sieht Elias diese Bedingung nicht, aber er unterliegt am Ende diesen romantischen Konditionen. Dadurch, daß in *Schlafes Bruder* letztendlich alle Theorie auf Scharlatanerie fußt, sprengt Schneider jedoch das Korsett der romantischen Konzeption mit Ironie.

---

[280] Kluckhohn, Auffassung, S. 483.
[281] Kluckhohn, Auffassung, S. 486.
[282] Matt, Peter von: Gespaltene Liebe. In: Brinkmann, Richard (Hg.): Romantik in Deutschland. Ein interdisziplinäres Symposion. Stuttgart 1978. S. 588.

6. Das Genie und seine Umwelt

> „Wie so oft vermochte ein geringfügiger Anlaß
> die Bewohner in derartige Hysterie zu versetzen,
> daß sie über Nacht entweder zu Heiligen
> oder zu Mördern werden konnten."
> (SB 101)

6.1 Die kleine Welt Eschberg

6.1.1 Eschberg und seine Bewohner

Die Landschaft, in der Robert Schneider seinen Roman ansiedelt, die rauhe Bergwelt eines Dorfes im mittleren Vorarlberg, entspricht in ihrer Beschreibung einer Szenerie, die das Naturgefühl der Frühromantik anklingen läßt. Deren Geschichte beginnt unter anderem damit, „daß vormals als beschwerlich und gefährlich gemiedene Landschaften, wie die wilde und unwegsame Szenerie der Alpen, einen Reiz auf das Gemüt des zivilisierten Europäers ausüben"[283]. Wenn der Mensch dabei die Angst, an einem Abgrund zu stehen, als Lust empfindet, rückt er zur Landschaft „in eine gewisse Distanz, und sie wird, da sie nun schön und reizvoll wirkt, Gegenstand eines ästhetischen Genusses. [...] Im Verhältnis des Menschen gegenüber der Natur kommt es dabei zu einem Paradox: er rückt von ihr ab, in eine ästhetische Distanz, und tritt ihr gleichzeitig seelisch nahe"[284]. Nun ist diese Art des paradoxen Naturerlebens sicherlich nicht primäres Thema von *Schlafes Bruder* - in Eschberg reagiert man auf die Gewalt der Natur schlichtweg mit Trotz bis zum Tode -, aber solch vermischte Empfindungen kommen in der Frühromantik nicht nur im Bereich des Naturerlebens vor: „Wie eine Lust an der Angst, so kennt das Zeitalter auch eine Lust am Leiden und Mitleiden, an der Entsagung und der Melancholie, am Scheiden und am Sterben."[285] Und da dieser Lust vornehmlich durch das Medium der Literatur gefrönt wurde, wäre *Schlafes Bruder*, mit seinen leidenden, entsagenden und von der Natur drangsalierten Menschen, sicherlich geeigneter Mittler derartiger Empfindungen. Ganz besonders natürlich durch den Protagonisten, der „ein Kind seiner Zeit [war]. Er liebte alles, was mit dem Tod in Verbindung gebracht werden konnte" (SB 120).

---

[283] Pikulik, Frühromantik, S. 31.
[284] Pikulik, Frühromantik, S. 31f.
[285] Pikulik, Frühromantik, S. 32.

Das Bild der Natur, welches im Roman vermittelt wird, ist das einer „personifizierte[n] Natur"[286]. Der Erzähler läßt die Natur als eigenständig handelndes Wesen agieren, oder genauer: als vollstreckendes Werkzeug Gottes mit stark personifizierten Zügen: So „beschloß auch die Natur endgültig, jeden Gedanken an dieses Dorf auszulöschen. [...] Was ihr vor Jahrhunderten der Mensch weggenommen hatte, holte sie jetzt zurück" (SB 10), oder: „Alsbald beschloß die Natur mit den meisterlichsten Farben in die Bergbündten zu fallen" (SB 92).

Erich Hackl nennt *Schlafes Bruder* das „Epos einer grenzenlos engen Welt"[287], denn in Eschberg finde man eben „die ganze Welt"[288]. Tatsächlich schafft der Autor nicht nur einen „Roman-Kosmos", er siedelt den Ort der Handlung - bis auf eine Ausnahme - in einer Landschaft an, die *in natura* eine Welt für sich ist, weil es die Abgeschiedenheit und Einsamkeit der Berge so bedingen. Die fast vollkommene Abgeschlossenheit der Eschberger Welt zeigt sich selbstredend auch an der Gesellschaft, die in ihr lebt und sich in dem begrenzten Raum fortpflanzen muß: Es existieren nur noch zwei Geschlechter in Eschberg, die Lamparter und die Alder, welche verfeindet sind und sich in inzestuösen Verhältnissen zusammentun, was zu einer Häufung von Mongoloiden und geistig Zurückgebliebenen führt. Selbst das geistliche Oberhaupt der Gemeinde zeugt eine Reihe unehelicher Kinder.

Primitiver Bildungsstand, harte Arbeit, kaum Kontakt zur Außenwelt und der Widerstand der Natur (vgl. SB 10: „die Natur [beschloß] endgültig, jeden Gedanken an dieses Dorf auszulöschen") prägen die Menschen und lassen Außenseitern wie dem Holzschnitzer Meistenteils oder Elias keine Chance, mit ihrer Andersartigkeit akzeptiert und integriert zu werden. Im Gegenteil, was die Eschberger im Kampf gegen die Natur gelernt haben, ist Härte und Trotz, und mit eben diesen begegnen sie allem, was sie nicht in den Erfahrungshorizont ihrer kleinen Welt einordnen können.

Aufgrund der Eintönigkeit ihres Lebens bahnt sich ein weiteres Gefühl rasch einen Weg, sobald jemand offenkundig aus der gleichförmigen Masse herausragt: Neid.[289] Der Holzschnitzer wird ermordet, weil er sich besser kleidet, dies auch noch zur Schau stellt, weil er sich nicht mit der Arbeit eines Bauern abgibt, weil er sein Häuschen nach dem Äußeren des Eschberger Tabernakels gebaut hat und dieses vom

---

[286] Zeyringer, Stiefbruder, S. 72.
[287] Hackl, Erich: Laudatio auf Robert Schneider. In: Moritz, Rainer (Hg.): Über „Schlafes Bruder". Materialien zu Robert Schneiders Roman. 2. durchges. Aufl. Leipzig 1996. S. 50.
[288] Hackl, Laudatio, S. 55.
[289] Vgl. zu Elias' herausragendem Orgelspiel SB 118: „Aber der Neid schläft nicht, und so wurden bald Stimmen laut, die das gewaltige Spiel des Organisten zu schmälern trachteten."

verheerenden Feuer verschont bleibt. Wieder - wie schon bei den ersten Reaktionen auf Elias' äußere Veränderungen (vgl. SB 43: „Gelbteufel") - sind die Menschen schnell mit dem Wort „Antichrist" (SB 82) bei der Hand. Um ihrem Neid Luft zu machen, um die aufgestauten Aggressionen freizusetzen, suchen sie stets eine Begründung in der Religion: „Der Meistenteils war nicht würdig, daß der Herr eingehe unter sein Dach." (SB 82) Ihre grundsätzlich negative Theologie zeigt sich abermals in dem „Sühnefeldzug" gegen den Holzschnitzer.

6.1.2 Die Familie Alder

Die leibliche Vaterschaft des Kuraten zeigt insofern Auswirkungen, daß der Erzähler mit verhaltener Ironie davon berichtet, daß Elias „eine gewisse Vorliebe für schwarze Gehröcke [entwickelte]". Es sei dies das „sichtbare Aufbegehren gegen die rohtappige Bauernwelt" (SB 94) - der er vom Stand des wirklichen Vaters her tatsächlich nicht angehört. Viel interessanter ist allerdings die Beziehung zu seinem „offiziellen" und in Elias' Glauben auch natürlichen Vater Seff. Fast möchte man sagen, daß, ähnlich wie der neutestamentliche Josef liebender und doch nicht biologischer Vater von Jesus war, auch *Josef* Alder (die Namensgleichheit ist sicherlich kein Zufall, sondern als weiterer Hinweis auf messianische Züge des Elias zu sehen) liebender Vater und doch nicht Erzeuger von Elias ist.

Zwar klagt Elias, er „habe keine Kindheit gehabt, die Eltern hätten sich vor ihm gefürchtet und ihn darum verstoßen", Tatsache ist aber auch, daß er zum Vater stets eine besonders enge Beziehung hat. Noch vor dem Hörwunder bezeugt die Episode, in der beschrieben wird, welchen Trost er aus dem Geruch des väterlichen Stallhuts zieht (vgl. SB 34), daß ihn eine tiefe Zuneigung zum Vater erfüllt.[290] Während des Hörwunders verdeutlicht das pochende Herz des Vaters, das Elias unrhythmisch zu seinem eigenen schlagen hört, daß die Vater-Sohn-Beziehung nicht wirklich intakt ist (vgl. SB 36f.). Seff selbst spürt instinktiv, daß etwas zwischen ihm und seinem Sohn steht: „Gottverreckt mit dem Bub ist etwas falsch!" (SB 29 u. 33). Trotzdem steht er fester zum Sohn als seine Frau: „Als sie ihrem Seff riet, es möchte durchaus eine Pfette vom morschen Dachgebälk zufällig auf den Jungen niederstürzen, [...] da schlug der Seff ihr die Faust [...] gewaltig ins gottverreckte Maul [...]." (SB 41) Ebensowenig wie er hier mit Worten reagiert, kann Seff dies auch in anderen Konfliktsituationen, er „war kein Redner" (SB 15 u. 131), wie der Erzähler lakonisch kommentiert.

---

[290] Vgl. dazu auch SB 71: „Seff und der Bub hatten sich lieb, das ist wahr." Außerdem SB 84: „Sein Vater, den er lieb hatte und der ihn lieb hatte."

Einen dramatischen Höhepunkt erreicht die Vater-Sohn-Beziehung durch den Mord am Holzschnitzer, dessen Zeuge Elias geworden ist. Zwar verrät Elias den Vater nicht, doch der Bruch, der seit dem Hörwunder und der Gadenzeit zwischen ihnen besteht, erfährt eine drastische Vertiefung. Die Lösung, in die sich beide flüchten, ist das Schweigen. In Gedanken malt Seff sich aus, wie er vor dem Sohn kniet und diesen um Verzeihung bittet (vgl. SB 131), er kann Elias' Leiden - wegen der nicht erwiderten Liebe, aber auch wegen der belastenden Mitwisserschaft - nicht länger mitansehen, tatsächlich aber bringt er die Wahrheit nicht heraus, flüchtet sich stattdessen in neue Lügen, indem er Elias von Elsbeth erzählt, die angeblich sein Orgelspiel vermisse (vgl. SB 132f.). Erst als es Elias besser geht, legt Seff seine Beichte ab, was dazu führt, daß Elias sich des Stallhuts erinnert, des Gegenstands, der seine Liebe zum Vater verkörpert. Der Sohn vergibt dem Vater. Die „Zeit des Friedens" (SB 133) währt jedoch nicht lange, denn Seff erleidet einen Schlaganfall. Nur in der Nacht der Gotteserscheinung kommt er noch einmal zu sich, wieder zeigt sich eine enge Verbindung zum Schicksal seines Sohnes.

Die anderen Mitglieder der Familie spielen eine vergleichbar untergeordnete Rolle: Fritz, der Bruder, ist eine kaum erwähnte Randfigur[291], die Mutter erweist sich als alles andere als mütterlich. Der Ruf, den die Familie zu verlieren hat, steht über allem, die Seffin sperrt den Sohn in sein Zimmer, wohlweislich besorgt darum, welche Folgen dessen Andersartigkeit für die Familie haben kann. Sie sucht Hilfe in abergläubischen Ritualen und verwahrlost zusehends. Ihr „Schicksal soll dem Sohn ein Menetekel sein", schreibt Schaub dazu. „Das, was ihr langsam, quälend und wie von fremder Hand widerfährt, fügt sich der Sohn später selbst zu, im Zeitraffer mittels Tollkirschen."[292] Eine ziemlich gewagte Interpretation, die sich so nicht halten läßt. Die Beweggründe der Seffin sind sehr simpel, sie leidet darunter, daß sie nicht wenigstens ein mongoloides Kind - „es wäre im Dorf nicht weiter aufgefallen" (SB 51) - bekommen hat, sondern ein „vermeintlich besessene[s]" (SB 41). Ihr Schicksal scheint ebenso negativ von Gott gelenkt wie das des Elias - sie bringt schließlich sogar, wie sie es sich unbedacht gewünscht hat, ein mongoloides Kind zur Welt. Ein boshafter Gott... Das „vorübergehende Irrsein der Mutter bedeutete für Elias den Beginn seines Lebens" (SB 51), je mehr es also mit der Mutter bergab geht, um so größer wird der Freiraum, den Elias erhält. Das Elend seiner Mutter ist Elias „nie wirklich zu Herzen gegangen, ja er hätte nicht einmal geschnupft, wäre sie eines Tages kalt in der Bettstatt gelegen" (SB 93), wird dem Leser berichtet. In

---

[291] Der Erzähler teilt dem Leser zweimal mit, daß „kein einziges Wort" von oder über Fritz überliefert sei, dieses aber auch nicht von Interesse sei (vgl. SB 51 u. 135).
[292] Schaub, Schneider, S. 45.

diesem Satz wird das Verhältnis zu seiner Mutter deutlich ausgesprochen: Sie bedeutet ihm nichts. Ihr Schicksal ist notwendig, um dem seinen den Weg frei zu machen, es ist jedoch keine Vorwegnahme von Elias' Sterben.

Die Elias nahestehendste Figur in der Familie ist der mongoloide Bruder Philipp. Ihn gewinnt er lieb, ihm widmet er seine Zeit und lehrt ihn „eine Sprache aus Lauten und Tönen, die nur sie beide verstanden" (SB 93). Schließlich entdeckt er eine hohe musikalische Begabung bei Philipp und „beide wurden sie Brüder bis auf die Seele" (SB 94). Philipp ist dem älteren Bruder instinktiv sehr eng verbunden, er spürt, welche Gefühle in diesem vorgehen (vgl. SB 107). Die Verbundenheit der beiden Brüder und ihr gemeinsames musikalisches Talent weisen auf ein verwandtes Schicksal hin. Der „Närrische" und der Geniale sind beide Außenseiter, erfahren beide ähnliches Leid und ähnliches Glück - sie verstehen einander in einer Sprache, die den „Normalen" nicht zugänglich ist. Mit der Seelenverwandtschaft der Brüder wird auf das traditionelle Bild des Weisen im Kinde oder im Narren, auf die Nähe von Genie und Kindlichkeit verwiesen.

6.1.3 Cousin Peter: Homosexueller, Brandstifter, Judas, Förderer und Unterdrücker des Genies

Elias' Cousin Peter ist wohl die ambivalenteste Gestalt im Roman. Nicht von ungefähr werden die Cousins, obschon aus verfeindeten Zweigen der Familie Alder, gemeinsam getauft, somit wird bereits eine Nähe der beiden heraufbeschworen. Auch ihre unterschiedlichen Wesenszüge kündigen sich bereits während der Taufe an: „Peter Elias aber [...] schrie nicht. Wir meinen darin bereits einen vorgeformten Wesenszug seines späteren Charakters zu erblicken, denn Peter Elias hat nie geschrien und geflennt." (SB 29) Ihre Unterschiedlichkeit im Wesen wird auch durch ihr Äußeres unterstrichen: Während Elias früh zum Mann gereift ist und man ihn laut Erzähler „einen schönen Mann nennen" (SB 94) kann, heißt es von Peter, er „war kein Mann. Er hatte keinen Bartwuchs, war klein von Gestalt, im Gesicht die Spuren der Blattern, am Körper drahtig" (SB 122).

Mit der Erwähnung des Taufnamens „Peter *Elias*" verrät der Erzähler dem Leser, daß auch Peter ein Sohn des Kuraten ist. Peter Elias und Johannes Elias sind also Halbbrüder, ohne jemals davon zu erfahren. Beide sind zugleich gegensätzlich wie zwei Seiten einer Medaille, aber auch zueinander hingezogen wie Brüder von einem Stamm - aus allerdings völlig unterschiedlichen Beweggründen: Bei Peter liegt es an einer „kalten Faszination an dem so Andersgearteten", bei Elias an „naiver Dankbarkeit" (SB 44), daß Peter ihn in der schlimmen Zeit, die er ihm zugesperrten Gaden verbringen mußte, nicht im Stich gelassen hat. Der Erzähler beschreibt recht konkret Peters Gefühle. Dieser habe als einziger Elias' Genie erkannt, und deshalb trachte er danach, Elias niederzuhalten (vgl. SB 44). Hier deutet sich bereits an, daß er ein „judasgleicher Jugendfreund"[293] ist. Peter „ist davon besessen, im Leid der anderen die Wahrheit zu erkunden", er stillt „seinen Schmerz [...], indem er Schmerz zufügt". Eine bezeichnende Passage dafür ist die Episode, in der Peters Vater ihm den Arm bricht, weil er Lakritze gestohlen hat. Peter reagiert mit unbändigem Haß, will den Tod des Vaters und bricht schließlich dem Kater seiner Schwester zwei Beine, um den eigenen Schmerz zu teilen (vgl. SB 68 u. 72f.).[294] Peters Verhalten ist typisch für die Eschberger: „Aufgestauter Haß ergießt sich über Unschuldige. Unbegreifliches wird als Gefahr bekämpft. Im Andersartigen wittert man blanken Hohn."[295]

In der Tat macht Peter seine Rachepläne wahr; er ist der Brandstifter, der das Erste Feuer legt. Für seine Rache nimmt er ohne zu zögern den Tod vieler anderer Menschen in Kauf - unter anderem auch den der eigenen Schwester Elsbeth, die erst im letzten Moment von Elias gerettet wird. Peter erweist sich hier allerdings auch als Werkzeug Gottes[296]: Als „Feuerengel" bedeutet er den Eschbergern, „daß Gott dort den Menschen nie gewollt hatte" (SB 76), und dadurch, daß Elias Elsbeth vor den Flammen retten muß, „erfüllte sich die Offenbarung" (SB 78), ihre Herzen schlagen übereinander. Tatsächlich schimmert überall das Vorhandensein eines göttlichen Plans hindurch.

Zu der Faszination und dem Drang, das Genie des Freundes unten zu halten, kommt schließlich noch ein weiterer Grund dazu, der Peter an Elias fesselt: „zu jener Zeit hatte er sich bereits in Elias Alder verliebt" (SB 96). Peter ist von seinem Halbbruder und Cousin sexuell angezogen, er möchte „sich vor Sehnsucht an den Körper des Freundes werfen" (SB 97). Vielleicht ist es diese Liebe, die ihn zunächst dazu treibt, den Freund zu unterstützen, indem er ihn drängt, die Orgel nicht mehr länger heimlich zu spielen (vgl. SB 113). Ein Dorn in Peters Augen ist dagegen Elias' offensichtliche Verliebtheit in Elsbeth. Er reagiert mit Eifersucht, hofft, daß seine Schwester sich in einen anderen verliebt.

---

[293] Körtner, Liebe, S. 95.
[294] Zum katzenquälenden und vom Vater mißhandelten Peters sei noch angemerkt, daß in Hoffmanns „Der Musikfeind" auch von einem Nachbarsjungen namens Peter berichtet wird, der, „mit naturhistorischem Sinn die verborgenen musikalischen Talente der Katze erforschend, unserm Hauskater [Töne] ablockte durch schickliches Einklemmen des Schwanzes [...], weshalb er zuweilen vom Vater etwas geprügelt wurde" (Hoffmann, Werke, Bd. 1, S. 368).
[295] Hackl, Laudatio, S. 51.
[296] Vgl. auch SB 121: „Peters Leben war wie das seines Freundes vorgezeichnet [...]."

Spätestens nachdem Peter seine Eltern, die ihm den Hof vorzeitig zugesprochen haben, aus der Wohnstube hinauswirft, zeigt sich die sadistische Seite seines Charakters. Der Erzähler begründet Peters Naturell in dessen „Lebenslangeweile" (SB 122). Peter beginnt, ausgeklügelte Ideen zu entwickeln, wie er sein Vieh quälen kann, „ohne daß [es] das Zutrauen zum Herrn verlöre" (SB 122). Dieses Spiel treibt er auch mit Elias. Er ist es, der Elias mit der Nachricht von Elsbeths Schwangerschaft quält, der ihm mit der angekündigten Hochzeit den Dolchstoß versetzt. Was Elias nicht ahnt, ist, daß Peter die Begegnungen zwischen seiner Schwester und Lukas begrüßt hat. So wie er in die Augen seiner gequälten Tiere schauen will (vgl. SB 122), so ist er auch mit der Hochzeitsnachricht gekommen, um „das Augenlicht des Elias zu sehen, welchen Glanz es bei dieser Nachricht annehmen möchte" (SB 141). Peters morbide Freude an Qual und Elend wird auch durch die Szene im Feldberger Siechenhaus verdeutlicht, wo Peter „begierig auf die elende Kreatur" schaut, „von diesem Schauspiel nicht genug bekommen" (SB 165) kann.

Elias weiß, wie grausam Peter zu seinen Tieren ist, er versucht sogar, ihn davon abzubringen, doch aus Angst, Peters Freundschaft zu verlieren, „die wichtigste Freundschaft seines Lebens" (SB 123), wird er ungewollt zu dessen Komplizen. Diese zunächst noch stille Komplizenschaft wird besiegelt, als Elias sich konkret schuldig macht, indem er Peter hilft, die Burga Lamparter bloßzustellen (vgl. SB 124-130). Peter bindet Elias an sich, der sich zwar schuldig fühlt, andererseits aber „die Sünde entdeckt [hatte] und [anfing], sie auszukosten" (SB 130). Ein weiterer Beweggrund für Peter, seinen Freund für den bösen Streich zu mißbrauchen, ist der, daß er ihm beweisen will: „Das Weib ist dumm und einfältig. Es ist weich und feig. Und um der Liebe Willen [...] tut sie alles!" (SB 129) Er will Elias die angebliche Unvollkommenheit einer Frau und ihrer Liebe vor Augen führen, um ihn für die Männerliebe zu gewinnen. Zum ersten Mal küßt er Elias und berührt ihn am ganzen Körper.

Nach dem Orgelfest ist Peter wie verwandelt; er sieht den materiellen Gewinn, den er aus dem Talent des Freundes ziehen kann und prophezeit eine erfolgreiche gemeinsame Zukunft. Womit er nicht rechnet, ist die Wandlung, die Elias durchgemacht hat, sind die Pläne, die dieser nun vollenden will. Peter hat nie verstanden, was in Elias vorgeht; er hat zwar das Genie und auch die kräftezehrende Liebe in ihm erkannt, aber nie die Qual, die sich aus beiden vereint ergeben hat. Von Elias' Todesgedanken ahnt er nichts, begreift deshalb nicht, was Elias bezweckt.[297] Den-

---

[297] Vgl. auch SB 189f.: „Peter begriff nicht"; „Peter [...] begriff aber immer noch nicht, was Elias wirklich im Sinn hatte".

noch kann er nicht anders, als den Anweisungen von Elias zu folgen, „der Gedanke, Elias [...] möchte ihn verlassen, schmerzte ihn zu sehr" (SB 190). Später erklärt Elias Peter sein Vorhaben, und dieser erkennt, daß er Elias nicht von seinem Plan abbringen kann. Im Verlaufe des Schlafentzugs wird sogar die schwarze Seele Peters geplagt, er kann die Qual kaum mitansehen.

Nach Elias' Tod liebkost Peter den Leichnam, wie er es sich immer gewünscht hat. Er begräbt den Freund und zeigt ein letztes Mal Wut, als er das Abschiedsgebet spricht. Und dann findet die unglaubliche Wandlung vom Saulus zum Paulus statt: „Peter war nicht mehr der, der er war." (SB 200) Er empfindet plötzlich Mitleid, das „gescheiterte Dasein des Johannes Elias Alder hat ihn geläutert" (SB 201).

Die Beziehung von Peter und Elias ist symbiotischer Natur, erinnert in manchem an das Verhältnis von Judas und Jesus, wenn man, wie der Erzähler dies nicht nur nahelegt, sondern ausdrücklich betont, einen göttlichen Plan voraussetzt. Sie sind zwei Brüder, wie sie gegensätzlicher nicht sein können, doch ohne Peters schlechten Charakter, dessen Intrigen, aber auch dessen Freundschaft und Hilfe, hätte Elias nicht den vorgezeichneten Weg gehen können, und umgekehrt waren der Tod und das Leiden des Elias notwendig, um Peter zu läutern und ihn auf den rechten Pfad zu bringen. Auch Jesus wäre ohne den Verrat des Judas nicht gekreuzigt worden und auferstanden, wodurch er die Welt erlöst hat.

6.2 Grenzen der dörflichen Welt

Das Thema der Begrenztheit ist ein wichtiges Element des Romans; „ebenso wie der Ort räumlich abgegrenzt ist, sind die Menschen begrenzt, die Entwicklung des Genies, der Liebe, des Lebens selbst [...]'"[298]. Begrenztheit bedeutet also sowohl räumliche wie geistige Enge und Beschränktheit.

Zumindest im ersten Teil des Romans, aber auch in vereinzelten späteren Abschnitten hat der Gaden diesbezüglich eine besondere Bedeutung. Er funktioniert als Gefängnis, um den stigmatisierten Sohn den Augen der Dorfgemeinschaft zu entziehen; lediglich durch das Fenster, über die hänselnden Kinder und die Person des Peter besteht ein Kontakt aus dem Haus hinaus. In der Geschichte Berglingers bezeichnen Vokabeln wie „Seele" und „Inneres"[299] „den Raum, wo Berglinger fern der äußeren Welt, 'einsam und still für sich', 'heimlich und verborgen', 'in schöner

---

[298] Kruse, Interview, S. 94.
[299] Vgl. z. B. Wackenroder, Werke, Bd. 1, S. 131f.

Einbildung und himmlischen Träumen' lebt"[300]. Diesen bei Berglinger geistigen Raum finden wir in *Schlafes Bruder* mit dem Gaden in vier Wänden konkretisiert und pervertiert. Elias leidet sehr unter dem erzwungenen Rückzug aus der Gemeinschaft, er braucht nicht den einsamen Raum für seine Träume. Er wünscht sich nichts sehnlicher, als so zu sein wie alle anderen Kinder, Teil ihrer Gemeinschaft zu werden.[301] Von einer besonderen geistigen Entwicklung oder einer Wirkung des Eingesperrtseins, außer dem Gefühl von Einsamkeit, ist allerdings keine Rede; die Gadenzeit wird auf nur sechs Seiten abgehandelt, ohne einen größeren Einblick in das Seelenleben des Protagonisten zu bieten.

Die Grenzen Eschberger Denkens werden nur selten durchbrochen, und wenn, so ist dies häufig mit Zerstörung verbunden. „Zeit seines Lebens rebelliert Elias nicht gegen die Welt seiner Herkunft. Sein künstlerischer Aufstieg bleibt begrenzt; er verdankt sich, wie alle Neuerungen im Dorf, jähen Ausbrüchen selbstzerstörerischer Gewalt."[302] Was immer Elias erreicht, muß er „einer feindlichen oder gleichgültigen Umwelt" abtrotzen. Diesen Trotz bezeichnet der Erzähler „mehrmals als ein spezifisch eschbergerisches Erbteil"[303].

Nun darf bei aller Betonung des Scheiterns einer Künstleridentität an der kruden Welt, die sie umgibt, eine Tatsache nicht ganz außer acht gelassen werden: Zwar erkennen die Eschberger nicht die wahre Größe seines Genies, gänzlich verkannt wird Elias gleichwohl nicht. Natürlich muß zunächst sein Onkel sterben, und natürlich muß er sich den Platz an der Orgel einfach nehmen, denn angeboten wird er ihm nicht, aber als er erst einmal die Gelegenheit hat, sein Können vorzuführen, gelingt es ihm, sein Publikum zu überzeugen. Die Kirchenbesucher staunen und erkennen sehr wohl die Außergewöhnlichkeit der Darbietung: „Und das Plappermaul pries das österliche Wunder mit einem nimmer endenden Halleluja. Eschberg habe einen großen Organisten hervorgebracht." (SB 117)

Die Anerkennung von Elias' Talent hat sogar weiterreichende Folgen: „Noch so vieles gälte es aus dieser Zeit zu berichten, die für Elias Alder die Zeit höchsten Glücks gewesen ist. Wie er im Dorf zu hohem Ansehen gelangte, wie ihm die Bauern nicht bloß das Organistenamt, sondern auch das Amt des Schulleiters übertru-

---

[300] Hertrich, Berglinger, S. 28f. und Wackenroder, Werke, Bd. 1, S. 131.
[301] Vgl. SB 53: „Weil er aussehen wollte wie alle Jungen seines Alters..." oder „Er wollte ein Kind sein..."
[302] Hackl, Laudatio, S. 52.
[303] Schlösser, Einzigartigkeit, S. 82.
Vgl. dazu SB 12: „So zeigte der letzte Alder [...] noch einmal jenen verhängnisvoll störrischen Charakter, welchen überhaupt das ganze Dorf jahrhundertelang an sich getragen [...] hatte."

gen." (SB 117) Ohne also grundsätzlich in Frage zu stellen, daß in *Schlafes Bruder* von einem Künstler erzählt wird, der an seiner Umwelt und ihrer Beschränktheit leidet und auch scheitert, muß die Frage erlaubt sein, ob dies wirklich in dem extremen Maße stattfindet, wie es in einigen Aufsätzen betont wird. Schließlich erreicht Elias innerhalb der Grenzen der Eschberger Welt alles, was ein Musiker dort nur erreichen kann- und er ist zumindest zeitweise glücklich.

Der Faktor der unglücklichen Liebe spielt einfach eine zu große Rolle, um hier außer acht gelassen zu werden - auch hinsichtlich des Aufstiegs des Genies. Tatsächlich hätte Elias' Genie sich entfalten können, wenn er sich nicht für die Liebe und damit den Tod entschieden hätte. Aufgrund seines famosen Orgelspiels hat sich ein Gönner gefunden, der ihm ein „Studium der Freien Künste" (SB 186) finanzieren will. Mit anderen Worten: Durch das Konzert hat Elias die Grenzen seiner Welt durchbrochen, hat die Anerkennung gefunden, die seinem Genie gebührt, bekommt die Möglichkeit geboten, sein Talent zu schulen und außerhalb Eschbergs zu leben - wenn er sich eben nicht anders entschieden hätte. Natürlich beruht diese Entscheidung auf Lebensumständen, die wiederum begründet sind in jener Beschränktheit und Begrenztheit Eschbergs und seiner Bewohner, das „totale Scheitern" des Musikers Elias Alder muß aber sicherlich die hier genannten Einschränkungen erfahren.

6.3 Schlafes Bruder – eine Dorfgeschichte bzw. ein Heimatroman?

Angesichts der Umgebung, in der der Roman angesiedelt ist, der bäuerlichen Bergwelt, des Personals und den dialektalen Einsprengseln in der Sprache des Erzählers mag man versucht sein, *Schlafes Bruder* mit den Termini „Dorfgeschichte" oder „Heimatroman" zu versehen. Vielleicht einschränkend als einen Heimatroman, der ausschließlich von einer schweren, belastenden Heimat berichtet. Sehr vieles spricht allerdings gegen diese Bezeichnungen. *Schlafes Bruder* spielt zu einer Zeit, „in der die historische Gattung der Dorfgeschichte das höchste Ansehen und die breiteste Wirkung erreicht hatte"[304]. Mit Dorfgeschichte als einer Gestaltungsart des Heimatromans ist der „Bereich der bäuerlichen Epik (Dorfdichtung, Landliteratur usw.)" gemeint, zu dessen formalen Merkmalen

> „der Umfang (zwischen einer und 200 Seiten) und erzähltechnische Aspekte (Erzählung, Geschichte, Novelle; Grenzfälle: Epos und Formen der Sachprosa) [gehören],

---

[304] Zeyringer, Stiefbruder, S. 60.

zu den inhaltlich-stofflichen die Bindung an ein regional begrenztes, lokales, soziales, ökonomisches und kulturelles Milieu, das Handlungsträger und Handlungsgeschehen bestimmt"[305].

Hein stellt einen Motivkatalog auf, aus dem hier einige Beispiele zitiert werden sollen, weil sich Übereinstimmungen zu *Schlafes Bruder* finden lassen: „Vater-Sohn-Konflikt", „Haltung gegen das 'Fremde'"„ „Dorfgemeinschaft wendet sich gegen Außenseiter", „Einer stellt sich gegen die Dorfgemeinschaft", „Liebe zwischen Kindern verfeindeter Familien", „feindliche Nachbarn", „betrügerischer Bauer" und „Aberglauben"[306].

Dorfgeschichte hieß im 19. Jahrhundert die Darstellung dörflicher Lebensformen, einfache Struktur und aufklärerische, pädagogische Funktion, das Volk sollte durch Bildung zur Mündigkeit geführt werden. Auch *Schlafes Bruder* hat einige Züge der Dorfgeschichte - losgelöst allerdings von diesen Ansprüchen -, der Autor verwendet aber Motive aus dem typischen Katalog. Letztlich bleiben wesentliche Elemente jedoch unerfüllt: Zwar besteht ein „Interesse am Ländlichen", findet sich ein „in Sprache umgesetzter realistischer Anspruch"[307] (mit dem Vorwurf der Inkonsequenz, denn der Erzähler verwendet vielfach ein Vokabular, das nicht zum Denkhorizont der Eschberger gehört: z. B. „mutiert" und „pubertiert", „Apathie" und „veritables Grün", „Pseudonym", „Anarchische", „ominöses Schrifttum", „analytischen Gehörs" (vgl. SB 39, 45, 101, 103, 155, 171)[308], zwar gibt es den für die zeitgenössische Dorfgeschichte typischen „Verweis auf eine Umbruchzeit"[309], zwar wird das „Verhältnis von 'Ferne' und 'Nähe',"[310] thematisiert, aber gegen die Elemente einer Dorfgeschichte sprechen etwa die legendenhaften Passagen oder die in eine andere Richtung gehende Ausdruckskraft der debilen oder verkrüppelten Figuren, die in der Dorfgeschichte Allgemein-Menschliches ausdrücken sollen[311], was sie in *Schlafes Bruder* nicht tun. Dort dienen sie der Zeichnung einer in sich geschlossenen derben Welt, in der ein Genie wie Elias Alder um so schillernder herausragen muß. Auch soll in der Dorfgeschichte gewöhnliches Dorfleben und nicht etwa ein „spektakulärer Tod" (SB 9), ein „bestürzende[s] Schicksal" (SB 13) oder ein „Wun-

---

[305] Hein, Jürgen: Dorfgeschichte. Stuttgart 1976. S. 25.
[306] Hein, Dorfgeschichte, S. 39.
[307] Zeyringer, Stiefbruder, S. 60f.
[308] Eine unabhängig hiervon durchgeführte Analyse der Erzählsprache findet sich in Kapitel 6.2.
[309] Zeyringer, Stiefbruder, S. 62.
[310] Zeyringer, Stiefbruder, S. 61.
[311] Vgl. Zeyringer, Stiefbruder, S. 63.

der" (SB 34) geschildert werden; Schneider nimmt also den „leise[n] Ton einer alten Gattung" und stimmt ihn laut „als Teil einer neuen Melodie" an[312].

Im Zusammenhang mit Robert Schneider und seinem Roman fällt bei Zeyringer auch der Name Franz Michael Felder[313], ein österreichischer Schriftsteller, der Sohn eines Kleinbauern war, sich autodidaktisch bildete und unter dem Einfluß von Berthold Auerbach, der der Gattung den Namen gegeben hatte, Dorfgeschichten mit starkem sozialem Ethos verfaßte. Zeyringer behauptet nun, „nicht nur Gattung, Zeit und Ort verweisen auf Franz Michael Felder, sondern auch Name, Schicksal [...] und ein Teil der Rezeptionsgeschichte [...] und einige Motive"[314]. Die gemeinsamen Motive, die Zeyringer angibt, wie der Stein im Fluß und ausgesuchte Landschaftsbeschreibungen, erscheinen jedoch konstruiert und desweiteren gar nicht nötig, um Parallelen aufzuweisen, schließlich erkennt Zeyringer, daß „in der von Felder und Schneider geschilderten Umwelt naturgemäß ähnliche Strukturen und Figuren hervortreten, handelt es sich doch hie wie da um eine dörfliche Gesellschaft im Vorarlberg des 19. Jahrhunderts"[315]. Erklärt der Erzähler doch selbst, „seine Aufgabe sei nicht jene der Dorfgeschichte"[316]. Festzuhalten bleibt folglich nur: „Bekannt ist ihm Felder sicher; Schneider erzählt aus der gleichen Welt wie Felder - die Perspektive aber ist eine andere."[317] Der Roman handelt nicht primär vom Dorf oder der Heimat, die Geschichte spielt lediglich in den Kulissen der Gattung, wobei diese sehr frei, nicht durchgehend oder gar traditionell gestaltet sind.[318]

6.4 Umwelt und Familie bei Berglinger und Kreisler

Die zentrale Tragik Berglingers liegt im Konflikt „zwischen Kunstgefühl und sozialem Gewissen"[319], womit er die romantische Künstlerproblematik und ihren Kon-

---

312 Zeyringer, Stiefbruder, S 60.
313 *13. Mai 1839 in Schoppernau bei Bregenz, ✝ 26. April 1869 in Bregenz.
314 Zeyringer, Stiefbruder, S. 66.
315 Zeyringer, Stiefbruder, S. 68.
316 Zeyringer, Stiefbruder, S. 71.
    Vgl. auch SB 12: „diese Aufgabe mag sich ein Freund der Heimatgeschichte stellen".
317 Zeyringer, Stiefbruder, S. 69.
318 Vgl. dazu auch Kruse, Interview, S. 93: Robert Schneider bejaht, daß der Roman Teilbereiche der Gattung des Heimatromans anreißt. Aber ein „Heimatroman ist es deswegen nicht, weil er eben die Heimat in einer ganz bestimmten Hinsicht verstümmelt, beschimpft, ja zerstört; und es ist ja auch von einer Heimat die Rede, die es nicht mehr gibt, die stirbt. [...] Obwohl, wenn man das filmisch sagen darf, das Setting in den Bergen spielt, ist es eben nicht ein Heimatroman".
319 Hertrich, Berglinger, S. 110.

flikt zwischen dem Inneren und der Welt thematisiert. Der Knabe Joseph entwickelt eine „einseitig-konfrontative Haltung gegenüber seiner Umgebung", er frönt einem „Kult der Innerlichkeit" und betrachtet „jede menschlich-soziale Äußerung als Störung seines Innenlebens"[320]. Elias dagegen erlebt eine Ablehnung durch seine Umwelt, wird während der Gadenzeit sogar von ihr abgeschlossen; er *muß* sich in die Innerlichkeit flüchten. Berglinger lehnt später die Teilnahme am sozialen Leben ab, glaubt an höhere Bestimmung, was Thewalt mit „eskapistische[m] Hochmut", „persönliche[r] Desintegration, soziale[r] Verweigerung und künstlerische[m] Subjektivismus"[321] beschreibt. Elias empfindet seinen Lehrerberuf als höchstes Glück, geregelte Arbeit läßt demgegenüber bei Berglinger erst dessen elitäre Kunstidee entstehen.

Was die familiäre Umgebung betrifft, so existieren Berührungspunkte, aber auch krasse Unterschiede zwischen Joseph und Elias. Wie Elias' Geschwister sind auch Berglingers Geschwister kränklich und teilweise sogar schwachsinnig. Eine direkte Parallele ergibt die Stelle, in der Josephs Vater seinen Sohn für „ein wenig verkehrt und blödes Geistes"[322] hält; sie erinnert stark an die Szene von Elias' Taufe: Seff mutmaßt, „mit dem Bub ist was falsch" (SB 29). Berglinger und sein Vater sind zugleich im Wesen verwandt und doch derart verschieden, daß sie miteinander brechen können. Dies hat weitreichende Folgen:

> „Berglingers Inneres wird der Schauplatz eines Kampfes zwischen zwei Welten, die unvereinbar erscheinen: der gewöhnlichen Lebenswelt und der Seelenwelt der Musik. [...] Der Konflikt mit dem Vater wird nun allmählich erweitert zum Konflikt zwischen der Welt der Musik und der Welt des nützlichen und wohltätigen Berufs."[323]

Der Vater-Konflikt von Elias hat einen ganz anderen Status, begründet im Meistenteils-Mord, ebenso findet der Kampf zwischen den zwei Welten in *Schlafes Bruder* so nicht statt - zumindest nicht auf musikalischem Gebiet. Wiederum bleibt festzustellen, daß sich der Konflikt zwischen der eher nach außen orientierten Welt der profanen und pragmatischen Liebe, wie Elsbeth sie mit Lukas praktiziert, und Elias' nach innen orientierter Welt einer reinen, geistigen Liebe abspielt.

Anders als bei Elias, der keinerlei besondere Umstände, keine räumlichen Veränderungen herbeiführen muß, um kreativ oder musisch angeregt zu sein, „bleibt als Tatsache, daß das Musikerlebnis Josephs nicht möglich ist, ohne daß er der Wirklichkeit, in der bisher leben mußte, seine engere Heimat, Vater und Geschwister

---

[320] Thewalt, Leiden, S. 71.
[321] Thewalt, Leiden. S. 71.
[322] Wackenroder, Werke, Bd. 1, S. 131.
[323] Hertrich, Berglinger, S. 31.

verläßt"[324]. Dies ist ein wichtiger Punkt für die Tragik seines Lebens, denn er führt dazu, daß sein „soziales Schuldgefühl [schließlich] eine persönliche Bestätigung in der Notlage seiner Familie [findet]", er übernimmt „eine Mitschuld"[325]. Während Elias' befreiender Weg hinaus aus seiner Welt nach Feldberg zugleich ein Weg nach innen ist, denn er erfährt eine Lösung für sein Leiden, ist Berglingers Verlassen der Heimat janusköpfig.

Wie Berglinger wächst auch Kreisler ohne Mutter in einer kunstwidrigen Welt auf. Er aber reagiert mit beißender Ironie auf seine Umgebung, um nicht zu zerbrechen.[326] Kreisler hat die „Sehnsucht nach idealer Überwindung der realen Bedingungen seiner menschlichen Existenz" und nutzt die „Ironie als Mittel der Abwehr der Realität"[327]. Denn ein Grund seiner Leiden „konkretisiert sich auf einer äußerlichen Ebene an den materiellen Existenz- und Arbeitsbedingungen des Musikers"[328].

Bei Kreisler haben sich Berglingers Musiktheorie und -praxis, aber auch die sozialen Bedingungen der Künstlerexistenz geändert.[329] Für Kreisler muß die Kunst auch im Konflikt mit der Gesellschaft ausgetragen werden, und sie kann ohne Flucht in die Religion existieren. Wichtig ist die Einordnung und Profilierung der Kreislergestalt in einen sozial- und kulturhistorischen Rahmen.[330] In der Gesellschaft, in der sich Kreisler bewegt, sind gewisse Regeln zu beachten, denn „wer unbefangen in diese Welt hineintritt, ohne die Konventionen zu achten [...], muß überall anstoßen und stolpern", weil „ein freier Geist [...] als Bedrohung empfunden [wird]"[331].

Kreisler bedarf seiner Umwelt, als Katalysator der Inspiration oder als Ableiter der eigenen Problematik, und ebenso „benötigt seine Musiktheorie aufgrund ihres selbstgestellten Auftrages eine wirkungsästhetische Adresse"[332]. Er erlangt die Selbsterkenntnis, daß alle Hindernisse der Realität seine Künstlerexistenz zugleich bedingen.[333] Eine ähnliche Einsicht stellt sich bei Elias ein, als er erkennt, daß die Widerstände der Realität scheinbar nichts waren als Gottes Antwort auf seine Un-

---

[324] Hertrich, Berglinger, S. 29.
[325] Thewalt, Leiden, S. 72.
[326] Vgl. Feldges, Hoffmann, S. 234.
[327] Thewalt, Leiden, S. 82.
[328] Thewalt, Leiden, S. 81.
[329] Vgl. Thewalt, Leiden, S. 95.
[330] Thewalt, Leiden, S. 11
[331] Feldges, Hoffmann, S. 233f.
[332] Thewalt, Leiden, S. 93.
[333] Vgl. Thewalt, Leiden, S. 15.

vollkommenheit in der Liebe.[334] Wiederum ist der Unterschied zur romantischen Künstlerexistenz eines Kreislers darin zu sehen, daß Elias sich nicht mehr auf der Ebene des Künstlers befindet, sondern auf der des unabhängig von der Musik Liebenden.

6.5 Die historische Wirklichkeit

Während der zeitliche Rahmen, in dem sich die Handlung von *Schlafes Bruder* bewegt, genau festgelegt ist, nämlich von 1803, dem Geburtsjahr Elias', bis 1834, „etwa neun Jahre nach seinem Tod" (SB 203) - von wenigen Zeitsprüngen vor oder zurück (etwa in „Das letzte Kapitel") abgesehen -, muß für die folgenden Anmerkungen der Zeitraum, in dem Wackenroders und Hoffmanns hier relevante Werken spielen, grob mit ausgehendem 18. und beginnendem 19. Jahrhundert angegeben werden. Tiefgreifende historische Ereignisse und Tendenzen der Jahrhundertwende könnten im Hintergrund des jeweiligen Geschehens also allen Werken gleich sein.

Das prägende Ereignis im historischen Hintergrund der Romantik ist die Französische Revolution von 1789 mit ihren Forderungen nach Freiheit, Gleichheit und Brüderlichkeit. Philosophen, Literaten, Juristen und Publizisten besinnen sich auf die allgemeinen Menschenrechte, und neben dem wichtigen Begriff der „Nation" denkt man auch an europäische Gemeinsamkeit. Ein Vierteljahrhundert später, nach den Freiheitskriegen der Verbündeten gegen Napoleon und einem neuen Erwachen des Patriotismus, führt die auf den Wiener Kongreß folgende restaurative Politik in Europa zu einer Ernüchterung des nationalen Aufbruchs. Die ideologischen Konzeptionen der deutschen Romantiker waren „vorwiegend Ausdruck der Diskrepanz zwischen bürgerlichem Ideal und Wirklichkeit [...]. Große Hoffnungen hatten die Frühromantiker auf die Französische Revolution gesetzt"[335]. Aus dem Briefwechsel von Tieck und Wackenroder wird ersichtlich, daß die „Freunde sahen, daß diese Hoffnung, der Traum von Freiheit, Gleichheit und Brüderlichkeit in der deutschen Wirklichkeit nicht erfüllt werden konnte. Sie suchten den Ausweg in Vorstellungen von einer subjektiven Glückseligkeit"[336].

Natürlich unterschieden sich die deutschen Romantiker in ihren Meinungen und Zielsetzungen, einig waren sie sich jedoch „in der Ablehnung des Spießbürgertums,

---

[334] Vgl. SB 191: „Darum habe ihm Gott Elsbeth verweigert, denn die Zuneigung sei nur lau und halb gewesen."
[335] Sarecka, Ilse: Musik als Ausdruck von Enttäuschung und Weltflucht in der Literatur der deutschen Romantik. In: Germanica Wratislaviensia 80 (1990) S. 292.
[336] Sarecka, Musik, S. 292.

der einseitig rationalistischen Aufklärung und ihrem Zweckoptimismus, der die Widersprüche innerhalb des Bürgertums nicht berücksichtigte". So wurde der Künstlerroman zum Ausdruck einer Opposition gegenüber den Verhältnissen in der Gesellschaft, denn in der Kunst, besonders in der Musik, sahen die Romantiker „eine Möglichkeit einer Erlösung von den zahlreichen Widersprüchen der sie umgebenden Realität". Was die Konzeption der Künstlerfiguren betrifft, ist eine Wandlung festzustellen gewesen: „an die Stelle des Genies voller Kraft und Energie der Sturm-und-Drang-Bewegung traten melancholische Menschen. In dem Gefühl der Unsicherheit und Einsamkeit fühlten sie sich oft von dunklen Mächten bedroht"[337].

Vom sozial-historischen Kontext her, in dem Berglinger und Kreisler sich bewegen, ist ein Zeitraum festzumachen, „der innerhalb der musikhistorischen Entwicklung den Aufbruch zur Epoche von Klassik und auch schon Romantik sowie vor allem die Etablierung der Instrumentalmusik neben der Oper umfaßt"[338]. Der einsetzenden romantischen Bewegung

> „bietet sich die historische Wirklichkeit als Zerfall eines ehemals viele Jahrhunderte bestehenden Zusammenhangs dar. [...] Die Romantik spiegelt diesen Prozeß der Desintegration in ihrem Fragmentarismus, aber sie kompensiert ihn auch, indem sie ihm mit dem Traum vom Goldenen Zeitalter die Idee einer neuen Ganzheit entgegensetzt."[339]

Was Hegel der Musik ab- und der Poesie zuspricht, den „Abstraktions- und Allgemeinheitscharakter", finden die Frühromantiker im Musikalischen, „in der neuen Form der Sprache und der Poesie als (lyrischer) Musik, musikalischer Allegorie"[340], es entwickelt sich eine gemeinsame Grundidee der Frühromantiker: „Sie alle suchen im Musikalischen das Element einer neuen Poesie zu bestimmen, von dem aus sowohl der höchste Punkt des Absoluten sichtbar wird wie auch die sinnfällige Anschauung der romantischen Poesie"[341].

Vorarlberg, in dem das fiktive Dörfchen Eschberg liegt, war seit 1782 Tirol unterstellt, mit dem es 1805 an Bayern fiel, bevor es 1814 mit Ausnahme eines Landstrichs im westlichen Allgäu, der bei Bayern verblieb, endgültig Österreich zukam. Robert Schneider selbst begründet die historische Ferne des 19. Jahrhunderts, in der er seine Geschichte angesiedelt hat, mit der persönlichen Involvierung, den

---

[337] Sarecka, Musik, S. 294.
[338] Thewalt, Leiden, S. 98.
[339] Pikulik, Frühromantik, S. 55.
[340] Naumann, Ideen-Instrument, S. 6.
[341] Naumann, Ideen-Instrument, S. 7.

rektiv gegen meine eigene Biographie, und dieses Korrektiv war das 19. Jahrhundert."[342] Aber der historische Mantel um die eigentliche Geschichte bewirkt noch viel mehr. Im Gegensatz zur heutigen extrem komplexen, quantitativ überinformierten Welt ist die Welt in *Schlafes Bruder* eine Welt, die noch funktioniert, in der das Gute und das Böse ihren Platz und ihre Daseinsberechtigung haben. Es wird nicht nur ein partieller Bereich - abgesehen von der Geographie natürlich -, sondern gleich ein ganzes, beinahe in sich geschlossenes, Weltbild gezeigt, in das sich sogar der Erzähler stellenweise recht naiv einzufügen scheint.

Die Zeitgeschichte - politisch wie kulturell - spiegelt sich in *Schlafes Bruder* nur sehr begrenzt wider, zumindest was größere Umwälzungen und Geschehnisse betrifft. Eschberg und seine Bewohner werden - und hier ist sicherlich ein Stückchen Bergwelt-Wirklichkeit zu finden - nur peripher von der Außenwelt und ihren Problemen berührt, sie spielt eine untergeordnete Rolle. Abgesehen von den Schilderungen der bäuerlichen Lebenswelt des beginnenden 19. Jahrhunderts geht der Erzähler lediglich in einer Passage ausführlicher auf die Zeitgeschichte ein: Er erwähnt eine „eigentümliche Stimmung" (SB 155) die im Sommer 1825 über dem Dorf liege. „Modern waren die Zeiten geworden, das ist wahr." (SB 155) Das Petroleum wird eingeführt, und einige der jüngeren Männer verspüren die Enge des Dorfes, wandern regelmäßig nach Götzberg und kehren mit neumodischen Ideen und Schriften mit „geschmacklos arrangierte[r] Nudität" (SB 155f.) zurück, schwadronieren „von Automatenvieh und automatischen Melkkübeln" (SB 155) - sicherlich eine Anspielung auf die kommende industrielle Revolution, die sich in diesen Jahren bereits ankündigte (und in Großbritannien bereits begonnen hatte). Die Epoche der Restauration und Revolution ist geprägt von Gegensätzen, ist eine Zeit des Umbruchs, in der - wie auch in Eschberg - Altes noch Bestand hat, das Neue sich aber parallel und immer stärker herausbildet.

Am Beispiel der Odyssee des Köhler Michel verdeutlicht der Erzähler die „Unruhe der Herzen, [den] Geschmack einer neuen Epoche, die Sehnsucht nach der Fremde" (SB 159). Durch die Lektüre von Herders „Ideen zur Philosophie der Geschichte der Menschheit" wird Fernweh in ihm entfacht, und der Köhler Michel beschließt, sich auf den Weg ins „Land des Kaliforniers" (SB 157) zu machen, von dem er gelesen hat. Er tritt eine Wanderschaft an, ohne jemals sein eigentliches Ziel zu erreichen; nach langer Reise findet er wieder in die Heimat zurück. Der Köhler Michel verkörpert geradezu den romantischen Wanderer, der sehnsüchtig auf der Suche nach einem paradiesischen Land umherzieht, mit der Philosophie als „wah-

---

[342] Kruse, Interview, S. 95.

re[r] Nahrung" (SB 157) im Rucksack. Die Motive des Unterwegsseins, der Sehnsucht und des Heimwehs tauchen häufig in der romantischen Dichtung auf; Reisen ist gewissermaßen das Sinnbild des Suchens und des Findens. Im übrigen steht der Köhler Michel mit seiner Sehnsucht nach dem paradiesischen Land des Kaliforniers nicht alleine da: Aufgrund von wirtschaftlichen und agrarischen Krisen gab es in der ersten Hälfte des 19. Jahrhunderts in vielen Ländern Europas große Auswanderungswellen nach Amerika. Die enorme Anziehungskraft der Vereinigten Staaten beruhte nicht zuletzt auf zahlreichen Berichten über die traumhaften Zustände im „Land der unbegrenzten Möglichkeiten". Das Land, von welchem der Köhler Michel träumt, hat nun sicherlich nicht viel mit dem Kalifornien gemein, das 1850 als 31. Staat in die USA aufgenommen wurde, dennoch liegt der Gedanke an eine verschmitzte Andeutung auf die großen Auswanderungswellen nahe.

Die Veränderungen, die die Zeit mit sich bringt, spielen für das Genie Johannes Elias Alder indes keine Rolle - „das alles ging an Elias Alder spurlos vorbei, ja er registrierte es nicht einmal" (SB 159). Die Zeitgeschichte bleibt ohne Einfluß auf Elias, weil sein Leiden letztlich unabhängig von historischen Gegebenheiten begründet ist in allgemein-menschlichen Bedürfnissen, die auf der höheren Ebene eines Genies gesteigert und vergeistigt vorgeführt werden. Auf den Leser aber wirken die gelegentlichen realistisch und historisch klingenden Passagen wie eine Betonung der Glaubwürdigkeit des Wunderbaren in *Schlafes Bruder*.

7. Erzählhaltung, Sprache und Struktur

> „Wir schließen die Blätter unseres Büchleins
> über Johannes Elias Alder.
> Was kommt, ist von Unerheblichkeit.
> Es ist das Zu-Ende-Erzählen
> einer nunmehr unbedeutenden Welt."
>
> (SB 199)

In diesem - erzähltechnischen, sprachlichen und strukturellen Eigenarten gewidmeten - Kapitel soll neben der formalen Analyse untersucht werden, ob sich Wesenszüge und intertextuelle Verweise erkennen lassen, Passagen die der Geniedichtung bzw. der romantische Künstlerexistenz vor allem wieder im Werk Wackenroders und Hoffmanns konzeptionell nahestehen. Aufgrund der oft manieriert, beinahe aufdringlich wirkenden Mittel der Wiederholung sowie der verwendeten Kunstsprache darf sicherlich auch die Frage gestellt werden, ob der Roman vielleicht nur ein arrangierter Übungsraum ist, in dem sich der Autor als Schreibkünstler verwirklicht - was sich nicht unbedingt vorteilhaft auswirken muß.

7.1 Die Stimme des Erzählers

Der Erzähler in *Schlafes Bruder* hält eine Art „geleitete" Verbindung mit dem Leser, vertritt also eine Allmachtsposition, von der aus er den Leser gewissermaßen an der Hand nimmt und ihn kommentierend durch die Geschichte führt. Der Erzähler plaziert sich im Majestätsplural als selbständiges Wesen zwischen Geschichte und Autor. Er ordnet die Ereignisse, „spannt ein Motivnetz, baut ein Repetitionsgerüst"[343]. Der häufige *pluralis majestatis* ist eine altertümliche Erzählweise und bringt dem Leser die Sicht des Erzählers nahe, soll Sympathie bei diesem erwecken, eine Verbindung aufbauen. Dazu trägt auch die Zwiesprache mit dem Leser bei (vgl. SB 160: „Aber ist es dem Leser nicht auch schon begegnet..."). Anders als viele Prosatexte der 80er und 90er Jahre unseres Jahrhunderts gibt Schneider also vor, „literarische Kommunikation herzustellen". Der Leser, der „ein guter Freund geworden ist" (SB 202), ist zugleich Projektionsziel und stilbildendes Mittel.

Das Dorfleben ist von Beginn an als vergangen fixiert (vgl. SB 9: „Die Welt dieses Menschen und den Lauf seines elenden Lebens wollen wir beschreiben."), aus Erzählersicht sind die Ereignisse abgeschlossen. Im Romananfang plaziert sich der

---

[343] Zeyringer, Stiefbruder, S.73.
Zeyringers Aufsatz bietet die derzeit ausführlichste Analyse der Rolle des Erzählers in *Schlafes Bruder*.

Erzähler somit insgeheim als Hauptfigur und als die maßgebliche Instanz. Indem er dem Leser versichert, Elias' Liebe sei eine „unsägliche" und „unglückliche", Elias' Ende sei unglaublich, sein Tod ein „spektakulärer", und er wolle den Lauf eines „elenden Lebens" (SB 9) beschreiben, indem er also allerlei Attraktionen nennt, um den Leser zu fesseln, stellt er sich gleichzeitig als eine Art Vertrauensperson zwischen den Leser und die Geschichte.

Der allwissende Erzähler berichtet übersichtlich im Imperfekt, wechselt aber ganz „im Stile herkömmlicher Erzählverfahren [...] an herausgehobenen Stellen vom Präteritum ins Präsens (vgl. z. B. SB 68), um Spannung zu schüren und Distanz abzubauen"[344]. Die Allwissenheit des Erzählers ist eingeschränkt, es zeigen sich stellenweise Brüche in der Erzählhaltung, etwa wenn er an einigen Stellen das Seelenleben seiner Figuren sehr genau zu kennen vorgibt, in anderen Passagen dagegen Unsicherheit darüber ausdrückt (vgl. SB 111 u. 117). Der Erzähler ist zwar eine solche Instanz, daß er sogar Gottes Innenleben zu kennen vorgibt, setzt diese Position jedoch aufs Spiel, wenn er in seinen Haltungen wechselt, auf die Schilderung selbst reagiert (z. B. als Chronist oder Historiker), jedenfalls ist sein Standpunkt nicht konsequent. Offenkundige Brüche zeigen Schwankungen „zwischen Geschichte und Bewußtsein des 19. Jahrhunderts und des 20. Jahrhunderts"[345]. Um es konkreter zu beschreiben: Passagen, die dem Leser einen Überblick über die Geschichte geben sollen, erfolgen „deutlich aus einer heutigen Sicht, in moralisierenden Passagen [äußert sich der Erzähler dagegen] in der Art der erzählten Vergangenheit"[346]. Hier tritt der Erzähler allwissend auf, dort gibt er nur ein eingeschränktes Wissen preis; einmal ist er wie ein Augenzeuge, ein anderes Mal ist er höchste Instanz, oder aber er will sogar ins Geschehen eingreifen, die Hauptfigur „festhalten" (SB 136).

Im bereits oben erwähnten Vergleich von Schneider mit dem österreichischen Autor Franz Michael Felder schreibt Zeyringer, bei jenem finde sich eine Dorfgeschichte für das Publikum einer „Umbruchzeit", und auf eben diese Zeit verweise auch Robert Schneider. Bei diesen zeitgeschichtlichen Verweisen kommt es zu einem Perspektivenwechsel: Erst wird aus dem 19. Jahrhundert berichtet (vgl. SB 154: „Die Zeit des mittelalterlichen Schlafs neigte sich auch in Eschberg dem Ende zu"), dann aus einem Überblick der heutigen Zeit (vgl. SB 154: „Es würde dieses

---

[344] Moritz, Halbherziges, S. 17.
[345] Zeyringer, Stiefbruder, S. 74
[346] Zeyringer, Stiefbruder, S. 74.

elende Bauernland dereinst in ein prosperierendes Zentrum elender Geldsüchtigkeit verwandeln."): „Die Umbruchszeit bewirkt einen Bruch in der Erzählhaltung"[347].

Felder setzt in einigen Texten das Jahr 1808 als Beginn dieser Umbruchszeit an, „als die abgeschlossene 'Bauernrepublik' im Bregenzerwald durch die Verfassungsurkunde (1. Mai 1808) der bayerischen Regierung aufgehoben wurde"[348]. Dieses Jahr ist auch in *Schlafes Bruder* von Bedeutsamkeit: Elias' Leben erfährt den entscheidenden neuen Impuls, nämlich Elsbeths Geburt (SB 51f.). Selbst wenn man aber diese Verbindung Felder - Schneider über eine Jahreszahl bemüht, darf man nicht vergessen, daß Schneider ansonsten eine Umbruchszeit beschreibt, die er ausdrücklich an Beispielen aus „den Sommermonaten des Jahres 1825" (SB 150 u. in diesem Zusammenhang SB 154ff.) festmacht. Er spielt wohl eher auf die oben bereits beschriebenen geschichtlichen Umwälzungen der Epoche von Restauration und Revolution an sowie auf geistesgeschichtliche Strömungen der Romantik.

Auch die real wirkenden Ortsnamen auf „*-berg*" sind verfänglich, denn nicht „nur die Erzählhaltung, der Ort der Erzählung, sondern auch der Ort der Handlung erweist sich als Mimikry". Wenn also eine Umbruchszeit dargestellt wird, so ist diese auch „an Um-Bruch-Orte gebunden und ergibt so eine Um-Bruch-Geschichte"[349].

Der Romananfang verbindet das 19. Jahrhundert und die neunziger Jahre des 20. Jahrhunderts im Text, aber „auch im literaturhistorischen Sinn: Der alte Duktus wird von einem modernen Stimmenimitator in den Dienst genommen"[350]. Imitation ist also nicht nur inhaltlich, sondern auch formal ein wichtiges Element des Romans. Die imitatorischen Fähigkeiten des Protagonisten erfahren ihre Parallele in Schneiders stilistischen Nachahmungen. Zeyringer verweist des weiteren auf ein Prinzip von Nähe und Ferne, das der Erzähler hier anwende. Auch Felder stehe für

---

[347] Zeyringer, Stiefbruder, S. 62f.
[348] Zeyringer, Stiefbruder, S. 62.
[349] Zeyringer, Stiefbruder, S. 65.
Zeyringer bemerkt ebd., daß alle „in Vorarl*berg* angesiedelten Ortsnamen [...] auf *-berg* [enden], und so werden sie mit einheitlichem Postfix in *Schlafes Bruder* zu der realen Namen Brüder, Feldkirch zu Feldberg, Dornbirn zu Dornberg, Hohenems zu Hohenberg, Götzis zu Götzberg, und entsprechend ist auch Schneiders Wohnort Meschach in (M)Eschberg zu finden".
[350] Zeyringer, Stiefbruder, S. 71.
Vgl. auch Zeyringer, Stiefbruder, S. 78: „Der Autor scheint vordergründig das Postulat der epischen Objektivität von Bertold Auerbach und Otto Ludwig zu übernehmen, konterkariert es aber dadurch, daß er wohl seinen Erzähler zum Interpretationszentrum des Werkes macht, diesen [...] jedoch nicht verdeckt im Hintergrund agieren läßt. Der Schritt ins 19. Jahrhundert steht im Spannungsfeld der Moderne. Es wird bei genauem Lesen das 'So war es wirklich' gerade in der Erzählhaltung, deren Fassade eben dies suggeriert, zu einem 'War es wirklich so?'."

eine „Verbindung von 'Nähe' und 'Ferne'"[351], und bei Schneider seien Nähe und Ferne nicht nur durch Figuren wie den Köhler Michel, der das Dorf verläßt und auf Reisen geht, verbunden, sondern auch durch den Erzähler selbst: „dessen Abstand zum Text schwankt", die „Nähe zum Erzählten [wechselt] in eine Überschau"[352].

Wo der Erzähler also scheinbar ganz nach Art der Dorfgeschichte eine einfache Struktur bietet, wird dieses Gerüst aus Zeit und Stil vom Erzähler selbst demontiert. Er macht einen „Rückgriff auf eine Umbruchszeit, aus einer Umbruchszeit heraus, der in der Rezeption, in der Konfrontation mit einem heutigen Bewußtsein zersplittert"[353].

Salopp formuliert der Autor selbst den Charakter seiner Erzählfigur: Er sei „ein unglaublicher Filou", dem es Spaß mache, „den Leser auf das Glatteis zu führen", indem er z. B. eine Figur wie die Hebamme aufbaue, die für den weiteren Verlauf der Geschichte aber keine Rolle mehr spiele. Robert Schneider nennt den Erzähler „ein ganz großes ironisches Moment", so seien die klaren Wertungen des Erzählers, wenn er einmal sogar den Elias bei den Schultern packen und zurückhalten wolle (vgl. SB 136), „Brüche, die eine gewollt ironische Funktion haben"[354]. Damit einher gehen auch die perspektivischen Wechsel zwischen einem unwissenden und allwissenden Berichtenden.

Die mit der Erzählfigur verbundene Ironie wird jedoch nicht nur in diesen Passagen deutlich. Man muß trennen zwischen dem, was der Erzähler den Eschbergern gewissermaßen in den Mund legt, und dem, was er selbst sagt, denn er ist ebenfalls voller Vorurteile, auch seine Theologie ist negativ, der Gott, den er schildert, ist böse. Im Prinzip vertritt er, der moderne Chronist, ein ähnliches Gottesbild wie die von ihm kritisierten Eschberger. Eine Reflexion über das von ihm Ausgesagte fehlt, die von ihm einleitend postulierte Distanz (vgl. SB 12f.) zum Geschehen bricht er immer wieder. Der Erzähler wird so zu einer ironischen Figur, einem Zerrbild der Haltung der Eschberger.

---

[351] Zeyringer, Stiefbruder, S. 63.
[352] Zeyringer, Stiefbruder, S. 64.
 Vgl. dazu z. B. SB 10: „nicht einmal die Alten in Götzberg ahnten einen noch lebenden Menschen dort oben". Hier zeigt sich das Wissen des Erzählers „aus der Ferne der Überschau" (Zeyringer, Stiefbruder, S. 72).
[353] Zeyringer, Stiefbruder, S. 78.
[354] Kruse, Interview, S. 95f.

7.2 Die Sprache

Schon der Titel des Romans, abgesehen davon, daß es ein Zitat von Johannes Ranck bzw. Johann Sebastian Bach ist, kündigt durch das „(altfränkisch oder) ostentativ vorangestellte Genitivattribut [...] an, daß der Umgang mit Sprache kaum weniger wichtig sein wird als das, womit die Sprache umgeht"[355]. Der Tonfall des Romans ist scheinbar dem historischen Gegenstand angemessen.[356] Dabei handelt es sich aber nicht um eine authentische historische oder dialektale Nachbildung - lediglich in Versatzstücken -, sondern um eine von Schneider geschaffene Kunstsprache. So werden altertümelnde Sprachelemente und moderne Wortschöpfungen in einem Atemzug genannt, und obschon es eine Dominanz des „ungebrochen historisierende[n] Ton[es]" gibt, entsteht keine Einheitlichkeit; es herrscht das „gleichberechtigte Nebeneinander des postmodernen Sprechens". Schneiders Sprache ist ein künstliches Gebilde, das „sich der Alltagssprache entgegenstellt"[357], ohne sie jedoch in Frage zu stellen. Im Roman ist auch wiederholt das „Motiv der Sprachskepsis"[358] zu entdecken: das „Unerklärliche" (vgl. SB 39) und das „Unglaubliche" (vgl. SB 38) wird ironisch genutzt, wenn die Sprache angesichts des Unbegreiflichen versagt.

Nicht zuletzt durch den Rückgriff auf das alemannische Idiom wirkt die Sprache gerade in den Beschreibungen der bäuerlichen Welt sehr gegenständlich und anschaulich; die archaischen und dialektalen Formen werden kalkuliert eingesetzt. Schneider verwendet immer wieder Dialektwörter wie „Gob" (SB 42), „marod" (SB 42), „glarte" (SB 55), oder „Schnorre" (SB 93); auch durch Ausfall des Endvokals wird eine dialektgetönte Sprache vermittelt (vgl. SB 17: „Händ'", SB 58: „Zäun'" oder SB 170: „Höh'"). Durch die Benutzung dialektaler Sprache rückt *Schlafes Bruder* wieder in die Nähe der Dorfgeschichte, wo derbe, dialektgefärbte Sprache der Veranschaulichung von Volkstümlichkeit dienen soll. Die Mischung von Hochsprache und Dialekt führt in der Dorfgeschichte zu unterschiedlichsten Stilmischformen, der ästhetisch glücklichste Fall ist wohl dort erreicht, wo „die Erzählung so geschickt mit Provinzialismen durchwirkt [ist], daß sich im Leser die Illusion des

---

[355] Wallmann, Anfang, S. 36.
Vgl. auch S. 38.: Der Roman steht „nicht für eine narrative Restauration", seine „linguistische Selbstreferentialität *kommt* nicht zur Sprache, sie *wird*, besser: sie *bleibt* Sprache: gebrochen altfränkisch bei Schneider".
[356] Vgl. Zeyringer, Stiefbruder, S. 73: Zeyringer listet einige „typische Versatzstücke alter Erzählmanier" aus *Schlafes Bruder* auf: „Das hat folgende Bewandtnis" (SB 28), „Wir müssen den Spuren unseres Helden folgen" (SB 76) oder „Es fügte sich" (SB 136).
[357] Moritz, Halbherziges, S. 20f.
[358] Moritz, Halbherziges, S. 27.

Heimat- oder Landschaftsbezugs einstellt"[359]. Man kann Schneider den Vorwurf machen, daß seine Bauern eine Sprache sprechen, die weit von der tatsächlich in der beschriebenen Region gesprochenen entfernt ist; was ihm aber dessenungeachtet mittels seiner sprachlichen Kunstgriffe gelingt, ist, durch geschickte Einstreuungen beim Leser eben jenes Gefühl des Landschaftsbezugs zu erwecken. Dieser Stil war im übrigen auch in der Spätromantik nicht unüblich: „Volkstümliche und mundartliche Anklänge sind in der Dichtersprache der Spätromantik häufig, aber der eigentliche Dialekt spielt kaum eine Rolle."[360]

Schneider streut im Roman verdeckt Anspielungen auf die Bibel ein, wie oben bereits beschrieben, in der romantischen Dichtung werden ebenso biblische „Einzelverse [...] oft wörtlich oder leicht verändert eingefügt." Aus dem Alten Testament wird „die Vorstellung Gottes als des Gerechten, des die Sünden der Völker strafenden, des rächenden und zürnenden"[361] Gottes übernommen, wie es auch in *Schlafes Bruder* der Fall ist.

Die Altertümlichkeit oder „unreflektierte Rückwärtsgewandheit der Worte" ist, wie oben bereits erwähnt, allerdings nur scheinbar, der Erzähler verwendet einen „anti-, bestenfalls vormoderne[n] Duktus", ja, in Robert Schneider pocht laut Schaub sogar das „weiche Herz eines Idyllikers"[362]. Sie unterstellt dem Roman das „Pathos einer Groteske" und schreibt, er grenze „an Folklore", sei „aber vor allem das tadellose Produkt von Schneiders eigentlicher Artistik"[363]. Hier nähert sich Schaub der eingangs gestellten Frage nach dem Roman als „Übungsraum". *Schlafes Bruder* wirkt in all seiner Sprachkünstlichkeit und manierierten Häufung von Stilmitteln wie ein Übungsraum, den der Autor arrangiert hat, um sich als Stil-Akrobat auszutoben - stellenweise ohne Rücksicht auf stilistische Stringenz oder dem Bestreben, der Geschichte den Vortritt zu lassen. Nun mag man diesen Umstand als Minderung werten oder auch als eben das Besondere oder Herausragende des Buches loben, fest steht, daß die Sprache des Erzählers von ebensolchem Konstruktionswillen beseelt ist wie die eigentliche Geschichte. Sie ist nicht nur unauffälliges Mittel, sondern wirkt oft wie ein zur Schau gestellter Zweck.

---

[359] Hein, Dorfgeschichte, S. 44.
[360] Langen, August: Romantik. In: Deutsche Sprachgeschichte vom Barock bis zur Gegenwart. In: Stammler, Wolfgang (Hg.): Deutsche Philologie im Aufriß. 2. überarb. Aufl. Berlin 1957. Bd. 1. Sp. 1195.
[361] Langen, Romantik, Sp. 1190.
[362] Schaub, Schneider, S. 47.
[363] Schaub, Schneider, S. 47.

Als ein Beispiel neben den Wiederholungen sind hier einige Eigenschöpfungen zu nennen, die Schneider einstreut. Dabei nimmt er das Substantiv, welches unmittelbarer Gegenstand einer Tätigkeit ist, und wandelt es in eine Verbform um. Dadurch erreicht er mitunter besondere Leseraufmerksamkeit und eine starke Bildlichkeit, außerdem sorgt der ungewohnte Klang bzw. das ungewöhnliche Schriftbild wiederum für ein Patinieren der Worte. Als Beispiele sind hier Wortschöpfungen zu nennen wie „er *naste*" (SB 11), „Weiter *schuhte* Elias" (SB 34) oder „zur Herbstzeit *laubte* er die Hänge" (SB 93).[364] Bei aller Kritik an übertriebener Artistik darf man dem Autor also Zielsetzungen hinsichtlich eines positiven Lese-Effekts nicht absprechen.

Die kontrastierende Wirkung der Sprache bleibt vielleicht als wichtigstes Element dieser Betrachtung festzuhalten. Es gibt „eine Art ironisches Verhältnis zwischen dem Beschriebenen und der Sprache": Gegen die Roheit der Geschichte und der Figuren ist eine kunstvolle, fast elaborierte Sprache, „die eine musikalische Struktur besitzt, die eine fast schwärmerischer Sprache ist, manchmal sogar ins Pathos kippt"[365], gesetzt. Die eigentümliche Spannung, die so erzeugt wird, ist eine der besonderen Eigenschaften des Romans, sie bewirkt nicht nur gesteigerte Aufmerksamkeit, sondern führt auch zu einer wechselseitigen Betonung des Inhalts und der Form durch Kontrastierung.

Moritz interpretiert die Sprache des Romans auch von der Konsumentenseite her: Durch die leitmotivische Verwendung des Zentralwortes „Herz" appelliere *Schlafes Bruder* „insgeheim an eine Haltung, die mit der sich beschleunigenden Technisierung und mit den 'kalten' Strömungen des Rationalen nichts anzufangen weiß"[366] - und das liege im Trend.

7.3 Die Struktur

7.3.1 Der Aufbau der Geschichte

Die Struktur des Romans ist im Großen und Ganzen recht überschaubar. Sowohl die Ortsangaben, als auch die Datierungen lassen trotz gelegentlicher Sprünge ein fest umrissenes Gefüge erkennen. An der Oberfläche sind drei narrative Stränge auszumachen: a) die Liebesgeschichte, b) die Genie-Erzählung und c) die Ge-

---

[364] Der Kursiv-Druck wurde vom Autor zur Kennzeichnung der entsprechenden Wörter gesetzt und entspricht nicht dem Druckbild des Romans.
[365] Kruse, Interview, S. 93.
[366] Moritz, Halbherziges, S. 23.

schichte des Dorfes Eschberg und seiner Bewohner. Obschon die Handlungsmuster innerhalb dieser Stränge vielfach abgenutzt wirken, garantieren sie „ein Déjà-vu und mindern den Schrecken"[367]. *Schlafes Bruder* mag den Leser also gerade ansprechen, weil das „Archaische, das Debile, das Rustikale und das Wunderbare [...] mit gleichsam naturalistischer Energie ausgebreitet"[368] werden.

„Wer liebt, schläft nicht!" - bereits mit dem ersten Kapiteltitel, dem einzigen Aphorismus unter den Überschriften, ist dem Roman ein Präludium vorangestellt, in dem die vollständige Geschichte ein erstes Mal erzählt wird. Mit zwei Teilen, diesem Vorspann und dem „Letzten Kapitel", wird die Voraussetzung einer gesteigerten Leseraufmerksamkeit geschaffen, für all das, „was mit der novellesken Teleologie des Geschehens nichts zu tun [hat], für die Farbe und die Musik [der Sprache]"[369].

Der Titel „Das letzte Kapitel" bezieht sich zum einen auf das Ende der Eschberger Chronik, zum anderen darauf, daß nach dem Dritten Feuer wieder „der Zustand des unbeschriebenen Blattes [herrscht], das letzte Kapitel der Wirklichkeit ist das erste Kapitel der Erzählung"[370].

Im Großen wie im Kleinen zeigt sich aber bereits durch den Vorspann und dessen Titel Schneiders krasse Vorliebe für die Wiederholung. Die Geschichte wird insgesamt dreimal erzählt: Im ersten Kapitel, im ausführlichen Hauptteil und zum letzten Mal im „Rückblick" mit der Lukasin und ihren Kindern. Dieser ist wie der Vorspann (auch von der Entfernung zum Schluß her) zu sehen. Erneut wird die Geschichte erzählt, wobei Elsbeth, die Erzählfigur, in einer ähnlichen Lage wie der Erzähler ist, der nichts vor sich hat als „die Stille oder eine Tabula rasa". Die Lukasin will den Kindern ein Naturschauspiel zeigen, doch der Stein im Bachbett ist verschwunden. Da, „um die Leere [...] zu füllen", erzählt sie ein Märchen. Mit diesem Gattungswechsel geht auch ein „sprachlicher Registerwechsel" einher, erkennbar an der formelhaften, märchentypischen Einleitung „In Eschberg habe damals ein junger Mann gelebt..." [SB 204] sowie an der Indirektheit, mit „der Robert Schneiders Erzähler es referiert"[371]. Dieses letzte Kapitel ist laut Schneider „nichts anderes als eine filmische Retrospektive", so arbeite der ganze Roman mit filmi-

---

[367] Moritz, Halbherziges, S. 16.
[368] Moritz, Halbherziges, S. 17.
[369] Wallmann, Anfang, S. 38.
[370] Wallmann, Anfang, S. 37.
[371] Wallmann, Anfang, S. 39.

scher Technik, selbst die Kürze des Buchs habe „mit gewissen Schnittechniken des Films zu tun"[372].

Aber nicht nur den Plot bekommt der Leser gleich dreimal erzählt, auch ganze Passagen werden beinahe wortgetreu wiederholt.[373] Einzelne Sätze werden dem Leser wie mit dem berüchtigten Nürnberger Trichter auf wenigen Seiten mehrmals ins Gedächtnis gebrannt.[374] Und Verniedlichungen werden in einer Häufigkeit verwendet, daß es schon an Aufdringlichkeit grenzt.[375] Nun wäre es aber ungerechtfertigt, diese Wiederholungen grundsätzlich als übersteigert, manieriert oder überreizt hinzustellen. Vielfach bringen sie eine gewisse musikalische Struktur in die Passagen[376], akzentuieren Höhepunkte (vgl. SB 16f.: „Die Seffin gellte [...]." u. SB 18: „Die Seffin lag und weinte ruhig." bzw. „Es schrie nicht.") und sorgen für eine dynamische Rhythmik des Lesestoffes. Und das Diminuitivum gilt, vom Volkslied her kommend (s. u.), als eines der typischen Stilmittel der Romantik; seine häufige Verwendung drückt also auch hier die sprachliche Nähe zur Romantik aus.[377]

---

[372] Kruse, Interview, S. 100.
Im Übrigen sei hier noch bemerkt, daß auch „Hoffmann [dazu] neigt [...], Erzählgeschehen szenisch zu vergegenwärtigen", beispielsweise „durch die Wahl von Gemälden als Ausgangspunkt einer Erzählung [...] und die Beschreibung effektvoller 'Auftritte', die den Leser in die Rolle des Zuschauers versetzen" (vgl. Kanzog, Klaus: Formel, Motiv, Requisit und Zeichen. In: Brinkmann, Richard (Hg.): Romantik in Deutschland. Ein interdisziplinäres Symposion. Stuttgart 1978. S. 635).

[373] Vgl. z. B. SB 30 und SB 176: „An diesem Nachmittag lagen sich Mond und Sonne gegenüber..."/"Wie sich Mond und Sonne gegenüberstanden..."; SB 68 und SB 71: „die Bündten sind vertrocknet..."; SB 68 und SB 72: „Er will den Vater schlagen..."/"Heute wird er den Vater schlagen...".

[374] Vgl. z. B. SB 15ff.: „Sein Weib oben im Gaden gellte vor Schmerzen."/" Die Seffin gellte vor Schmerzen." (3x); SB 32 und SB 33: „Etwas rief. Er mußte hinunter."/"Der Stein rief. Elias mußte hinunter."; SB 35, SB 39 und SB 46: „Ihre natürliche Farbe, das melancholische Regengrün..."/"Aber das gleißende Gelb der Pupillen färbte sich nicht mehr in jenes melancholische Regengrün."/"Es blieb der Haintzin versagt, das melancholische Regengrün seiner Augen..."; SB 55 und SB 57: „Erst schrie er stundenlang alles hinaus..."/"Er schrie hinaus..."; SB 39, SB 78 und SB 198: „Gott war noch lange nicht fertig mit ihm."/"Mußte sich verlieben, denn Gott war..."/"Mehr zu hören war ihm nicht bestimmt, denn Gott war..."; SB 15 und SB 131: „Seff war kein Redner." (2x)/"Er war kein Redner."; SB 138, SB 139 und SB 140: „Elias saß schweigend auf dem Bock." (4x).

[375] Vgl. SB 29: „Bastkörbchen"; SB 32: „Köpfchen"; SB 34: „Höschen"; SB 49: „Margeritenkränzlein"; SB 55: „Füchslein"; SB 57: „Häuflein"; SB 59: „Äckerchen"; SB 60: „Brieflein"; SB 62: „Kirchlein"; SB 65: „Werklein"; SB 68: „Kirchlein", „Werklein", „Ärmchens"; SB 80: „Häuschen", „Höflein", „Kirchlein"; SB 82: „Büchlein"; SB 88f.: „Häuschen", „Höflein", „Ställchen"; SB 96: „Kirchlein"; SB 99: „Beinchens"; SB 100 „Knollenäschen"; SB 105: „Damastschürzchens" usw.

[376] Vgl. dazu die entsprechenden Abschnitte in Kapitel 6.3.2.

[377] Vgl. Langen, Romantik, Sp. 1188f.

Mit der Vorwegname des letzten Kapitels und dem Ende der Hauptfigur hat Schneider im übrigen einen von Kreislers „Höchst zerstreute[n] Gedanken"[378] strukturell wörtlich genommen: „Für Dichter und Musiker ist es kein übler Vorschlag, beide, den letzten Akt und das Finale, *zuerst* zu machen."[379]

7.3.2 Affinitäten zu musikalischen Strukturen

Die Musik selbst bleibt in *Schlafes Bruder* im Prinzip - ebenso wie in anderen Romanen, in denen nicht die Partitur mitgedruckt wird - behauptet, ihr Inhalt in der Regel nebulös, denn sie wird meist durch Beschreibung der Technik und ihrer Wirkung reflektiert. Wie aber steht es um Ähnlichkeiten der Textstruktur mit musikalischen Strukturen?

Der ganze Roman wird etwa „mit einer außerordentlichen Komposition einer Bachschen Fuge"[380], verglichen, was schlichtweg falsch ist. Schneider selbst nennt dies sogar undurchführbar, denn „eine Fuge literarisch auszuführen, ist unmöglich. Da müßte man drei oder vier Sprecher simultan sprechen lassen"[381].

Je Kapitel gesehen, ergeben sich laut Schneider keine bestimmten musikalischen Formen, aber im Ganzen sei der Roman

> „einer bestimmten musikalischen Form verpflichtet, und die ist sehr frei. Das ist - aus der Spätromantik kommend - die Rhapsodie. Der Roman ist sehr rhapsodisch: Die Rhapsodie ist aber praktisch verknüpft mit einer streng linearen Form des Denkens, nämlich der des Kontrapunkts. Es gibt in diesem Text [...] gewisse Elemente, die sich spiegeln. [...] Oder es gibt den Erzähler, der sich selbst nochmal zitiert und das dann ein bißchen bricht"[382].

Es finden sich auch noch weitere musikalische Aspekte, z. B. „im Sinne von musikalischen Parametern", so gibt es ein „literarisches Crescendo" in der Passage am wasserverschliffenen Stein: „Das 'Hörwunder' ist ja im Grunde nichts anderes, als im Pianissimo zu beginnen, im Fortissimo zu enden und wieder im Pianissimo anzusetzen."[383] Selbst der Orgelvortrag in Feldberg ist im Ganzen sicherlich wie ein Crescendo des Romans zu sehen.

Der Roman hat also keine feste musikalische Struktur, sondern umfaßt stellenweise freie rhapsodische Formen, wobei die „Komposition des Romans [aus] Wiederho-

---

378 Hoffmann, Werke, Bd. 1, S. 52-63.
379 Hoffmann, Werke, Bd. 1, S. 63.
380 Edinger, Kritik, S. 127. Edinger gibt hier die Meinung von Dominique Durand wieder.
381 Kruse, Interview, S. 99.
382 Kruse, Interview, S. 98.
383 Kruse, Interview, S. 98f.

lungen, Brüchen und Umkehrungen [besteht]"[384] und vielfach Musikalisches literarisch nachbildet. An einer Stelle der Geschichte gibt die Erzählstruktur eine Pause wieder bzw. füllt sie an, die in einem gerade geschilderten Musikstück entsteht (vgl. SB 178f.). Mit einem Erzählerkommentar wird „die Pause [überbrückt], die der Organist während seiner Feldberger Darbietung vor der großen Schlußfuge einlegt"[385].

Oder aber - um noch einmal auf die Wiederholungen, dieses Mal im Positiven, zurückzukommen -, die Naturbeschreibungen von Mond und Sonne (vgl. SB 30), werden, als Elias sich durch die Musik in die Vergangenheit zurückversetzt, wiederholt (vgl. SB 176), was Zeyringer musikalisch so ausdrückt: „Die ganze Stelle findet in einem kompositorischen Programm, das vor allem auf der Repetition von Akkorden aufbaut, im zweiten Teil des Romanes eine leicht variierte Wiederholung."[386] Der Wiederholungssatz von der „gellenden Seffin" in der Geburtsszene ergibt ebenfalls eine liedhafte Struktur. Immer wieder sorgt der refrainartige Satz für die Vermittlung von Lautstärke und setzt kleine Höhepunkte in den dahinplätschernden Gedanken der Ellensönin, ruft die Figuren und den Leser in die erzählte Gegenwart und Wirklichkeit zurück. Mit dem Satz „Die Seffin lag und weinte ruhig" (SB 18) verklingt das Geburtsthema leise und wird nur noch einmal kurz aufgegriffen (vgl. SB 18: „Es schrie nicht."). Eine Rhythmisierung des Textes besorgen auch Passagen wie Elias' musikalische Erinnerungen während des Feldberger Konzerts. Eine Episode seines Orgelspiels schildert vier entscheidende Momente seiner Vergangenheit und durch den gleichförmigen Aufbau der Absätze wird einerseits eine liedhafte Struktur angedeutet, andererseits der Lesefluß rhythmisiert (vgl. SB 176f.: „Die Natur wurde Musik.[...] Der Schein des ersten Feuers wurde Musik. [...] Die nächtliche Episode wurde Musik. [...] Und Elsbeth wurde Musik").

Zeyringer nennt die drei Einleitungskapitel ein Präludium, in welchem „zuerst das Thema der Melodie angespielt wird, dann der letzte Ton ins 20. Jahrhundert führt"[387] und der Erzähler seine Aufgabe nennt. Ebenso kann das kurze epilogartige Schlußkapitel vielleicht als Koda gesehen werden.

---

[384] Edinger, Kritik, S. 128.
[385] Schlösser, Einzigartigkeit, S. 91.
[386] Zeyringer, Stiefbruder, S. 67.
[387] Zeyringer, Stiefbruder, S. 71.

7.4 Anmerkungen zu Sprache, Stil und Struktur in der Romantik mit Beispielen aus Werken Wackenroders und Hoffmanns

Zur Sprache und Sprachtheorie der Romantik nennt August Langen in einem breitgefächerten Aufsatz Beispiele für häufige Erscheinungen im Sprachgebrauch und typische Wortfelder der romantischen Dichtung. Einige Passagen sind auch für *Schlafes Bruder* interessant, da Schneider offensichtlich ganz ähnlichen Gebrauch von Archaisierungen und charakteristischen Wörtern gemacht hat wie einige romantische Dichter: Die Romantik suchte „vor allem das musikalische Element in der Sprache [...], nicht den Begriffsinhalt eines Wortes, sondern seinen Klang. [...] Dem Vokal kommt deshalb besondere Bedeutung zu"[388]. Die „Farbe" der Vokale, ihre Lautsymbolik wurde definiert. Wegen der fehlenden Vokalfülle im Deutschen, im Gegensatz etwa zum Italienischen oder Spanischen, griffen die Romantiker „teils auf ältere deutsche Wortformen zurück, die sie aus ihrer Beschäftigung mit dem Mhd. kannten, teils bilden sie nach diesem Prinzip volltönendere, aber widergrammatische, neue"[389]. Grundsätzlich kann gesagt werden, „daß in der Romantik die Frage nach der Übertragung bildkünstlerischer und musikalischer Eindrücke in die Wortkunst zum erstenmal vertieft gestellt wird"[390]. Die „Sprache der Romantiker [ist] ihrem innersten Wesen nach metaphorisch, ihre Dichtung symbolisch"[391]. Die Naturmetaphorik, besonders der deutschen romantischen Lyrik, ist geprägt von vertikalen und horizontalen Perspektiven:

> „Der Wald ist Refugium oder Labyrinth, der Berg exponiert je nach Perspektive Höhe und Tiefe, der Fluß transportiert zum Ziel oder reißt in die Tiefe, das Meer schließlich ist die Unendlichkeit des alles lösenden und auflösenden Elements [...]. [...] Tal, Schlucht und Felsen können Schutz bieten, aber der Sturz vom Felsen in den Abgrund kann tödlich sein für den Einsamen, der auf dem Gipfel steht oder wenigstens hinaufstrebt. 'Vertikale' Natur findet sich in Literatur und Malerei der Zeit in großer Fülle. Die häufigste horizontale Metapher dagegen ist der Garten. [...] Vertikale und horizontale Naturmetaphorik entwickelt also deutlich den mythischen Bezug auf die beiden großen biblischen Metaphern von Paradies und Sündenfall."[392]

Einige Elemente dieser Naturmetaphorik, sei es der Fluß oder der Felsen, finden sich auch in *Schlafes Bruder* wieder. Eine viel auffälligere Nähere zur romantischen Sprache besteht jedoch in den altertümelnden Formen des Romans, denn eines

---

[388] Langen, Romantik, Sp. 1175.
[389] Langen, Romantik, Sp. 1175.
[390] Langen, Romantik, Sp. 1181.
[391] Langen, Romantik, Sp. 1177.
[392] Schulz, Gerhard: Die metaphorische Darstellung des Gegensatzes Einsamkeit - Öffentlichkeit in der deutschen romantischen Lyrik. In: Brinkmann, Richard (Hg.): Romantik in Deutschland. Ein interdisziplinäres Symposion. Stuttgart 1978. S. 615.

„der auffallendsten Merkmale romantischer Sprache ist die vielen gemeinsame Neigung zum Archaismus". So nennt Langen „das Streben zum seltenen und erlesenen Wort, das man in den altertümelnden Formen zu finden glaubte, [...] eine ästhetische Tendenz"[393]. Im poetischen Archaismus der Romantik wurde „das überkommene Material in freier Auswahl [umgewandelt] und durch Analogiebildungen [vermehrt]". Es ging dabei „um eine behutsame Patina des Altertümlichen, also wieder um den rein ästhetischen Reiz. Das Archaisieren kann sich auf Wortschatz und Syntax erstrecken"[394]. Die Sprache wollte bei all dem nicht die Vergangenheit rekonstruieren, vielmehr „nur historische Atmosphäre geben"[395].

An dieser Stelle werden einige Beispiele für die archaisierende Sprache, die Langen aufführt, genannt und falls es zu diesen Entsprechungen in *Schlafes Bruder* gibt, wird dies kenntlich gemacht: „*gar*" (vgl. SB 112: „auf gar bübische Weise" o. SB 124: „gar fein"), fehlender Umlaut: „*verzuckt*", unflektiertes Adjektiv: „*grimmig Gesicht*", auslautendes e: „*Hemde*" (vgl. SB 103: „im Schlafe" o. SB 125: „in dem Lichte"), vollere Endungsformen: „*verzeihet*" (vgl. SB 61: „Sehet den da!"), Verbum mit objektivem Genitiv: „*der Freiheit genießen*" (vgl. SB 106: „du könntest vieler Weiber Stimmen sprechen"), Fehlen der Vorsilbe ge- beim Partizip: „*funden*", zahlreiche volkstümliche „Redewendungen, Sprichwörter und Doppelformen (*Kisten und Kasten*)", Elemente aus dem „Wortschatz der mittelalterlichen Ritterwelt": z. B „*Gaden*"[396] (vgl. SB 14: „in den Gaden, wo sein Weib lag").

Ein weiteres von Schneiders Mitteln, um dem Roman einen alten Gestus zu verleihen, ist auch die Datierung der Ereignisse nach Heiligen- und Festtagen, wie sie im Mittelalter vorherrschend und bis in die Neuzeit volkstümlich in Gebrauch war. Außerdem wählt Schneider bei einigen Verben eher die ältere starke Präteritumsform, als die heute geläufigere schwache (vgl. SB 89: „buken" o. SB 125: „frug"). Gleich im Anschluß folgt nun eine Beispielliste auch zum allgemeineren Wortschatz der Romantik, für den Langen ebenfalls typische Exempel bringt: „*Gemüt*", „*Stimmung*" (vgl. SB 155), „*Sehnsucht*" (vgl. SB 148), „*Ferne, Nähe, Heimweh*" (vgl. SB 156), „*Wunder, Zauber, Traum*" (vgl. SB 19 o. 111), „*Inner und innerlich*", „*Mondnacht*" (vgl. SB 126), „*Tod*" (vgl. SB 9), „*Schauers*", „*Ahnung, ahndungsvoll, geheimnisvoll, Geheimnis, seltsam, absonderlich*" (vgl. SB 9 o. 31), „*unbekannte Macht*" (vgl. SB 32), „*blindes Werkzeug*", „*Schicksal, Verhängnis, Vorsehung*" (vgl. SB 13), „*Fluch, Wahn*" (vgl. SB 40),

---

[393] Langen, Romantik, Sp. 1183.
[394] Langen, Romantik, Sp. 1184.
[395] Langen, Romantik, Sp. 1185.
[396] Langen, Romantik, Sp. 1185ff.

„*Grauen, Grausen*"[397] (vgl. SB 78). Wie einige der Beispiele zeigen, greift Schneider ganz offensichtlich auf Elemente eines Wortschatzes zurück, den Langen als häufig in der romantischen Dichtung verwendet oder typisch für sie darstellt.

Zu Arnims und Brentanos Volksliedsammlung *Das Knaben Wunderhorn* merkt Langen an:

> „Von hier aus gehen die Stilmittel des Volksliedes in die Romantik und das 19. Jh. ein: Artikellosigkeit, nachgestelltes Adjektiv, Elision und Apokope, altertümliche Wörter und grammatische Formen, das unentbehrliche Diminutivum, syntaktisch die Armut an Konjunktionen und schlichte, reihende Aussage, kompositorisch die assoziative Verknüpfung und Herders kühne Sprünge und Würfe. [...] [Der Dialekt] wird im 'Wunderhorn' behandelt wie die alte Sprache: bald ganz ins Hochdeutsche übertragen, bald in Anklängen beibehalten, vorsichtig normiert und modernisiert [...]. Im ganzen herrscht ein Kompromißverfahren vor."[398]

Der Abschnitt zur Sprache in *Schlafes Bruder* macht ersichtlich, daß einige der dort verwendeten Stilmittel, z. B das häufig benutzte Diminutivum, Archaismen oder die dialektalen Anklänge, den von Langen hier bezüglich des *Wunderhorns* bzw. der Romantik aufgeführten Mitteln entsprechen.

Auch zwischen Sprache und Stil Wackenroders und Hoffmanns sowie Schneiders sind Ähnlichkeiten festzustellen. Ebenso wie Schneider auf die oben beschriebenen Synästhesien zurückgreift, also beispielsweise akustische Vorstellungen mit optischen Reizen verknüpft und somit Elias' Sensibilität und Intensität des Erfahrens erahnen läßt, versucht auch Wackenroder „das Unvermögen der Begriffssprache so zu beheben, dass er Sinneserlebnisse sprachlich in andere Sinnesbereiche hinüberspielt: Am häufigsten sind Photismen; d. h. er gibt seine Tonerlebnisse sprachlich durch Farben und Bilder wieder"[399]. Dies führt er bisweilen so weit, daß „sich die verschiedenartigsten Sinneseindrücke in einem Tonerlebnis zu einem simultanen Ereignis (Synopsie) [verflechten]"[400].

In *Schlafes Bruder* ist das Feuer ganz klar negativ belastet, stets mit Tod und Zerstörung verbunden, das Wasser oder der Strom dagegen steht in Verbindung mit einem Ort, an dem Gottes Nähe spürbar wird, oder es dient der Beschreibung musikalischer Klanggewalt (vgl. SB 180: „Die Fuga des Elias Alder glich einem riesigen, sich schnell dahinwälzenden Wasser..."). Auffällig in den Berglinger-Texten ist, daß „Bilder und Metaphern aus dem Bereich der Wassersymbolik [benutzt werden], um Bewegungs- und Wirkungsart der Tonkunst zu beschreiben; negative Obertöne [...]

---

[397] Langen, Romantik, Sp. 1205ff.
[398] Langen, Romantik, Sp. 1188f.
[399] Kielholz, Wackenroder, S. 115.
[400] Kielholz, Wackenroder, S. 117.

kommen besonders in musikalischen Bildern vor, die dem Feuerbereich entnommen sind."[401]

Kielholz untersucht die Sprache Wackenroders und entdeckt eine starke „Emotionalisierung durch Epitheta und unscharfe, oft umschreibend-verhüllende Begrifflichkeit"[402], gefühlshaft ausschmückende Adjektive wie „unschuldig", „rein", „kindlich", „verwirrt", „böse", „heilig" oder „freudig", die Kielholz angibt, sind auch in *Schlafes Bruder* zu finden, eine „bildhaft affektive[...] Verrätselung und Verfremdung"[403] etwa von der Musik ist dagegen nicht wie bei Wackenroder gegeben. Ebensowenig lassen sich - wie für Wackenroder - typische aus pietistischem Erbe nachwirkende Wortstrukturen oder Bilder finden.[404]

Der Klosterbruder, der in den *Herzensergießungen* als Erzähler fungiert, strukturiert seinen „Stoff nach dem Schema einer Krankheitsgeschichte"[405]. Außerdem gehört zum Schema der Biographie bei Wackenroder die Zweiteilung:

> „Dem zweiteiligen Aufbau entspricht [...] eine 'mythische' Wiederkehr des Frühen (der Jugend) im Späteren - als Erinnerung oder gelebte Wiederholung lebensgeschichtlicher Situationen und Konstellationen. Die Verknüpfung eines solchen 'zyklischen' Denkens mit dem Kausalnexus einer deterministischen Krankheitsgeschichte besiegelt das Schicksal der künstlerischen Subjektivität."[406]

Dies gilt ganz ähnlich auch für die Biographie von Elias Alder, besonders hinsichtlich der in der Feldberger Wettbewerbsmusik gelebten Wiederholung von Episoden aus seiner Vergangenheit und den sich daraus ergebenden Konsequenzen für sein Schicksal. Nicht zu vergessen, daß auch in Hoffmanns *Kater Murr* „der Erzähler beschreibt, wie Kreisler aus der Erinnerung den schöpferischen Augenblick traumhaft nacherlebt. Seine Komposition feiert Liebe, Entgrenzung, Sehnsucht und heiles Leben als ein Geschehen"[407].

Als wesentliches Strukturmerkmal der Biographie Berglingers läßt sich eine „dreifache Brechung der Zeitebenen" festmachen: Dabei „lassen sich unterscheiden: 1. die historisch-chronikalische Zeitdimension, 2. die biographische Zeit, 3. die 'präsentische' des Biographen"[408]. Eben diese dreifache Brechung der Zeitebenen läßt sich wie oben bereits untersucht, auch in *Schlafes Bruder* festmachen, z. B. zeigt sich die

---

[401] Feldges, Hoffmann, S. 264f.
[402] Kielholz, Wackenroder, S. 121.
[403] Kielholz, Wackenroder, S. 123.
[404] Vgl. Kielholz, Wackenroder, S. 126ff.
[405] Hofe, Bewußtsein, S. 147.
[406] Hofe, Bewußtsein, S. 148.
[407] Daemmrich, Hoffmann, S. 235.
[408] Hofe, Bewußtsein, S. 148.

historisch-chronikalische Zeitdimension, wenn der Erzähler das Jahr 1912 und die Auslöschung Eschbergs erwähnt (vgl. SB 10), oder die „präsentische" des Biographen, wenn der Erzähler sich über seinen Papieren sitzend beschreibt (vgl. SB 198). Ganz anders als bei Wackenroder mit seinem Klosterbruder und Schneider mit seiner Erzählerfigur, fehlt bei Hoffmann ein solcher Erzähler:

> „Schon die polare Erzählstruktur, die von Wackenroder bis Wagner bevorzugt wird - der Chronist und Erzähler begleitet das Schicksal des Künstlers voller Anteilnahme -, bedeutet ein Gegengewicht zur absoluten Isolation und entfaltet die Umrisse einer adäquaten Kunstrezeption. Auch in diesem Punkt ist die Kreisler-Figur verschärft, die ihre Leidensgeschichte selbst notiert und noch im erregend modernen, experimentellen Schreibakt die heroische Einsamkeit zum Ausdruck bringt."[409]

Und die Überlieferung von Kreislers Geschichte im *Kater Murr* in „zufälligen Makulaturblättern" entspricht in ihrem Durcheinander „dem zerrissenen Künstlerleben"[410].

In einer Analyse des Hoffmannschen Wortschatzes in exemplarischen Erzählungen grenzt Kanzog Wortfelder ab, die zum Beispiel die „Grundvorstellungen aus dem als 'Gemeingut der Romantik' empfundenen Bereich"[411] kennzeichnen oder geradezu formelhafte Wörter der romantischen Dichtung, speziell etwa aus dem Repertoire physischer und psychischer Aspekte, zusammenfassen. Bei einer Betrachung des Wortschatzes in *Schlafes Bruder* fällt auf, daß sich augenfällige Übereinstimmungen zu einigen von Kanzogs Wortfeldern ergeben: „Figuren wie Alräunchen, Feen, Geister, Mutter, Teufel, Zwerg" (vgl. z. B. SB 109f.); Worte wie „abenteuerlich", „fremd", „geheimnisvoll", „grauenvoll", „herrlich", „innig", „leise", „lieblich", „magisch", „merkwürdig", „phantastisch", „selten", „unbeschreiblich", „unglücklich", „wunderlich" (vgl. SB 34, 135, 145 o. 147); ein „Repertoire physischer und psychischer Aspekte: [...] Brust, Fiber, Finger, Gemüt, Glieder, Gesicht, Hand, Hauch, Herz, Kopf, Lächeln, [...] Lippen, Mund, Nerven, Ohr, Physiognomie, Puls, Seele, Stimme" (vgl. SB 12 o. 39); „Beschreibung[en] einer Seelenverfassung (Hinbrüten, Heiterkeit, Hoffnung, Jammer, Klage, Melancholie, Schmerz, Schwermut, Stimmung, Wehmut, Zorn)"[412] (vgl. SB 117 o. 142ff.).

Langen, der ebenfalls den Wortschatz in Hoffmanns Werken näher betrachtet hat, entdeckt besonders oft Wörter wie „*Engel*" oder „*unschuldsvoll*", findet bei Hoffmann die häufig verwendete „Antithese von *eiskalt* und *glühend*" und überhaupt Antithetik,

---

[409] Prümm, Berglinger, S. 206.
[410] Schmidt, Geschichte, Bd. 2, S. 6.
[411] Kanzog, Formel, S. 633.
[412] Vgl. Kanzog, Formel, S. 633f.

außerdem übersteigerte Beiwörter der „Sphäre des Schreckens: *schrecklich, entsetzlich, grauenvoll,* [...] *wütend, wahnsinnig,* [...] *trostlos*"[413]. Direkte Parallelen zur Sprache in *Schlafes Bruder* sind hier besonders bei den Wörtern aus der Schreckenssphäre auszumachen: Gerade hinsichtlich des Schicksals von Elias benutzt der Erzähler häufig derartige Adjektive, um das Leiden des Protagonisten drastischer zu schildern: Elias' Liebe ist eine „unsägliche und darum unglückliche" (SB 9), es wird der Lauf eines „elenden Lebens" (SB 9) beschrieben, Gott hat einen „satanischen Plan" (SB 13), Elias' Schicksal ist „bestürzend" (SB 13), die Hörwunderszene ist reich an Wörtern wie „schmerzlich", „entsetzlich[...]", „unerklärlich" oder „ungeheuerlich" (SB 35). Aber auch andere Beschreibungen werden aus dem Wortschatz des Schreckens gespeist: Der letzte Einwohner hat einen „erbärmlichen Tod" (SB 10), schuld ist ein „höllischer Föhnwind" (SB 10), beim Feuer verbreitet sich „der gespenstische Gestank verschmorten Fleisches" (SB 77), der Mensch ist eine „hilflose Kreatur" (SB 79), und alles „würde noch um vieles gespenstischer kommen" (SB 191).

Hoffmann bringt eine enge Verbindung von Musik und Literatur zum Ausdruck, sie zeigt sich zum Beispiel besonders in *Kreislers musikalisch-poetischem Klub*[414]. Als Kreisler auf dem Piano improvisiert, wird jedem Akkord eine bestimmte gefühlsmäßige Konnotation zugeordnet: „To every chord is assigned a particular picture, in every case an emotion, in most cases a figure or a color."[415] Schoolfield meint deshalb: „Hoffmann has laid the groundwork for a manual of Romantic compositional technique"[416]. In seinen Werken zeigt sich natürlich deutlich Hoffmanns eigenes Musikertum[417] - ebenso wie dies bei Robert Schneider, der von 1981 bis 1986 in Wien Komposition studiert hat und Organist ist, und seinem Roman der Fall ist.

7.5 Form und Geniekonzeption

Anhand der formalen Analyse von *Schlafes Bruder* und den Anmerkungen zu sprachlichen und stilistischen Merkmalen der romantischen Dichtung - besonders der

---

[413] Langen, Romantik, Sp. 1253ff.
[414] Hoffmann, Werke, Bd. 1, S. 352-356.
[415] Schoolfield, figure, S. 23.
[416] Schoolfield, figure, S. 24.
[417] Vgl. Riedel, Darstellung, S. 657: „Die von großem Wissen zeugende, fast unübersehbare Menge von Fachausdrücken und Instrumentennamen, die der Autor bei der Wiedergabe musikalischer Vorgänge verwendet, übertrifft alles bisher Dagewesene, stört jedoch nie den poetischen Charakter der ganz im romantischen Geiste gehaltenen Darstellungen von Musik und Musikerlebnis. Auch wenn es nicht um Musik geht, verrät sich in Wortwahl und Redeweise an vielen Stellen das Musikertum des Dichters; mit offensichtlicher Freude bringt er Vergleiche mit musikalischen Begriffen und Empfindungen."

Wackenroders und Hoffmanns - läßt sich sagen: Durch die von Schneider gewählte Form und Sprache wird seine Geniefigur in die Nähe der Genie- und Künstlerfiguren der romantischen Dichtung gerückt. Diese Nähe stellt er her durch die Benutzung einiger stilistischer und sprachlicher Mittel, die für die romantische Dichterung typisch genannt werden können. Ebenso wie sein Protagonist pflegt Schneider also die Imitation. Es ist ihm nicht daran gelegen, sein Genie durch die Form und Sprache seines Romans „romantisch" zu machen, vielmehr sucht er auch in den formalen Elementen lediglich die Anspielung, die Arbeit mit Dekorationen. Der Autor steht gewissermaßen vor der Stil- und Sprachen-Auslage und greift sich einige Stücke aus der Romantik-Abteilung, um sein Genie damit einzukleiden. Wiederum fehlt aber die Konsequenz in der Handhabung der Mittel - ohne daß damit eine Notwendigkeit unterstellt werden soll. Schneider formt die Geschichte seines Genies durch die Vermengung von romantischen Stilelementen, einfach nur altertümlich Klingendem, Fachtermini gerade aus dem Musikbereich[418], Eigenschöpfungen, dialektal gefärbter Sprache und modernen Wörtern. Somit will er möglicherweise beim Leser die Wirkung erreichen, daß diesem sein Genie sowohl traditionsverhaftet als auch neu und modern - und somit zeitlos erscheint. Er versucht, eine Sprache zu verwenden und eine Figur zu zeigen, die allen Leserwünschen gerecht wird, in jedem Fall aber *besonders* wirkt.

---

[418] Vgl. z. B. SB 57: „Kopfregister", „Obertonreihe"; SB 65: „Postludien", „halbfertiger Kadenz"; SB 66: „Baßlinie", „Phrase im Alt", „Koloraturen"; SB 96: „Dezimgriffen", „Prestissimo", „Legati"; SB 97: „Kanzellen", „bosselte die Pfeifen", „dressierte die Spünde" oder SB 173: „Fortissimolauf", „Pedalbaßlinie".

8. *SCHLAFES BRUDER* - PHÄNOMEN EINES ERFOLGES

> „Wenn er also musizierte, vermochte er den Menschen
> bis auf das Innerste seiner Seele zu erschüttern. [...]
> Solches in der Musik geleistet zu haben,
> war das Verdienst des Johannes Elias Alder."
> (SB 179)

8.1 Das Spiel mit den Gattungen

Schlafes Bruder lebt von intelligent konstruiertem Geborgtem, beugt sich Gattungstraditionen und stellt sie mit ironischen, reduzierenden Mitteln - häufig erzähltechnischer Manier - zugleich in Frage. Robert Schneider spielt in seinem Roman mit den Gattungen, er benutzt Versatzstücke aus der Legendendichtung, orientiert sich konzeptionell und stilistisch an der romantischen Künstlernovelle, läßt seine Figuren stellenweise in den Kulissen der Dorfgeschichte agieren, und bisweilen kommt der Roman dem Erzähler sogar „vor wie ein großes trauriges Märchen" (SB 160). Auch in Elsbeths abschließender Erzählung überlebt allein das Zauberhafte und Geheimnisvolle, und sie berichtet den Kindern nicht eine wahre Geschichte, sondern „ein Märchen" (SB 203). Es kommen drei Phänomene zum Ausdruck, welche den Protagonisten umranken, und die Elsbeth zur Vokabel „Märchen" greifen lassen, nämlich seine gelben Augen, sein wunderbares Orgelspiel und sein spurloses Verschwinden. Dies sind tatsächlich märchenhafte Elemente, allerdings nimmt Elsbeth ihrer Geschichte das Märchenhafte in gewisser Weise wieder, indem sie sich selbst als Augenzeugin einbringt. Sie legt also zeitlich-räumliche Grenzen fest, und läßt somit Wahrscheinlichkeit die Stelle reiner Phantasie einnehmen. Edinger betont, der Terminus „Märchen" mache lediglich das Irrationale verständlich, die naturalistischen Milieuschilderungen dagegen nicht.[419]

Daneben greift Robert Schneider auch auf alte Traditionen bzw. klassische Konstellationen zurück. So basiert die Konzeption der Geschichte auf der antiken Dreiheit von Hypnos, Thanatos und Eros, und auch die Verbindung von Schlaf, Tod und ewiger Seligkeit findet sich schon als grundsätzliche Vorstellung bei den Euchiten. Durch die Verweise auf andere Gattungen, eine Vielzahl von Anspielungen und die Imitation und Vermengung von verschiedenen Stilen hat Schneider einen Roman geschaffen, der vielleicht am ehesten als ein facettenreiches und oftmals ans Parodistische grenzendes Pastiche gefaßt werden kann.

---

[419] Vgl. Edinger, Kritik, S. 130f.

Die Vorstellung von der Musik als Sprache über den Worten ist sicherlich nicht sonderlich originell. Mit dieser Idee begibt sich Schneider in den Dunstkreis der romantischen Musiktheoretiker und Dichter; die Verweise auf romantische Dichtungen und Konzeptionen sind zweifellos die deutlichsten von allen Anspielungen im Roman, weshalb an dieser Stelle noch einmal abschließend auf sie eingegangen wird.

Robert Schneider nennt *Schlafes Bruder* einen Roman, der Kunst thematisiere, aber „eine soziale Absicht der Kunst scheint es [...] nicht zu geben". Der Kunstbegriff des Romans, wie Schneider selbst ihn beschreibt, „sucht eine Art 'Symphonie', einen Einklang [...] mit 'Gott' und 'mit der Welt' zu beschreiben, nicht im Sinne eine Harmonie, sondern eine 'Symphonie', die alle Dissonanzen - es gibt ja auch eine klare Verurteilung Gottes durch den Erzähler - miteinbezieht"[420]. Schneider sieht die innere Haltung des Romans in der „Sehnsucht, Sehnsucht nach der Schönheit, nach der Vollendung, Sehnsucht nach einem ganz dicht gelebten Leben"[421].

Solche Sehnsüchte werden auch in romantischen Werken thematisiert. Ebensowenig wie Berglinger gelingt es Kreisler, „neben der sinnvollen Verbindung von Musik und Umwelt auch die sinnvolle Verbindung von Künstler und Gesellschaft zu finden"[422]. Elias muß den Weg über die Musik nehmen, um einen Platz in der Gesellschaft zu finden, wobei eben diese Gesellschaft ihm den Zugang aufgrund seiner Andersartigkeit lange verwehrt. Eine sinnvolle Verbindung von Künstler und Gesellschaft schafft Elias zumindest in zwei Punkten: Anders als etwa Kreisler gelingt es ihm, durch die Musik auf seine Zuhörer einzuwirken, und zum zweiten schafft er es, sich mittels der Musik derartige Bewußtseinsänderungen zu ermöglichen, daß sich ihm der - vielleicht auch nur vermeintliche - Sinn seiner Existenz offenbart.

Alle drei Musikerfiguren entstammen unterschiedlichen Welten: Elias einem primitiven, abgeschiedenen Dorf in den Bergen, Berglinger der exklusiven Hofwelt und Kreisler der „nivellierten Bürgerwelt"[423]. Trotz der unterschiedlichen Herkunft bestehen zwischen Kreisler und Berglinger deutliche Ähnlichkeiten. Die grundsätzliche Verschiedenheit offenbart sich in der eigentlichen Anlage der Figuren: „Bestimmt die Hybris der Empfindsamkeit Berglingers Scheitern an der Umwelt, so verbietet es Kreislers romantische Theorie dem Künstler, sich erfolgreich in die Gesellschaft einzuordnen". Wie steht es nun um Elias' Theorie von Kunst, Künst-

---

[420] Kruse, Interview, S. 100f.
[421] Kruse, Interview, S. 101.
[422] Thewalt, Leiden, S. 100.
[423] Thewalt, Leiden, S. 98.

ler und Gesellschaft? - Im Gegensatz zu Kreisler oder Berglinger fehlt Elias jede Wissenschaft bzw. jegliche Möglichkeit zu einer theoretischen Auseinandersetzung mit seiner Situation. Er reflektiert nicht über sein Dasein als Künstler, es darf bezweifelt werden, ob er mit den Begrifflichkeiten um „Kunst" und „Künstler" überhaupt etwas anfangen könnte. Es wäre falsch zu behaupten, er bringe sich seine Misere nicht zu Bewußtsein, dies tut er sehr wohl, wie in der Anklage, die er gegen Gott erhebt deutlich wird.[424]

Elias versteht sein Leben, sein Lieben und sein Musikerdasein also offensichtlich als gottgegeben. Aus den dadurch sich ergebenden Verhältnissen zieht er jedoch anders als Kreisler oder Berglinger keine positiven oder negativen Schlüsse für seine Entwicklung als Künstler, sucht keine ideele Lösung mit Auswirkungen auf seine Kunst. Aufgrund seines beschränkten Wissens kann er sich nicht in irgendeiner Tradition stehend sehen, sich an einem negativen Künstlerschicksal aufrichten, den Qualen positive Seiten abgewinnen. Er weiß nur, daß er musizieren muß, und daß es ihn glücklich macht, wenn er sich darin übt, die Musik zu in seinen Ohren vollendeteren Klängen zu führen. Und ebenso weiß er, daß er lieben *muß,* und um in dieser Liebe glücklich zu werden, diese ebenfalls vollkommener und höher leben muß - und zwar jenseits des Irdischen, denn nur dort ist die Liebe möglich, die er anstrebt.

Ähnlich wie die romantischen Musikerfiguren auf künstlerischem Gebiet hat der Liebende in *Schlafes Bruder* an der Diskrepanz zwischen Realität und Ideal zu leiden - eine konzeptionelle Notwendigkeit der romantischen Theorie, um das Ideal durchzusetzen. Was Johannes Elias Alder, Joseph Berglinger und Johannes Kreisler verbindet, sind auffällige Parallelen in der Lebensgeschichte, sind ähnliche Widerstände der Gesellschaft, gegen die sie ankämpfen müssen, sind in Ansätzen verwandte Musikerlebnisse und ist ein Ahnen, stellenweise auch Erleben einer Welt jenseits des Irdischen. Diese Parallelen, etwa was die romantische Religionsthematik betrifft, sind jedoch eher intertextueller als kunsttheoretischer und intellektueller Art, sie werden außerdem mittels ironischer Abwandlungen letztendlich in Frage gestellt.

---

[424] Vgl. SB 145: „Er habe keine Kindheit gehabt, die Eltern hätten sich vor ihm gefürchtet und ihn darum verstoßen. Als er überfrüh zum Mann geworden war, habe man ihm nicht gestattet, in Feldberg das Notenhandwerk zu lernen. Die Liebe zur Musik habe er heimlich auskosten, habe wie ein Kirchendieb auf der Orgel sitzen müssen, in der stetigen Angst, es möchte ihn jemand entdecken. Wie oft habe er den verstorbenen Onkel Oskar angefleht, er möchte ihn in der Musik unterweisen. Auch dieses Begehren sei ihm unerfüllt geblieben. Das alles hätte er willig hingenommen, wenn Gott ihn in der Liebe nicht so grausam getäuscht hätte."

In der Reflektion und Ausbildung von Innerlichkeit schließlich sind alle drei Künstlerexistenzen verschiedenartiger Natur. Für Johannes Elias Alder gilt: Wem die Musik zur körperlichen Angelegenheit wird, der fragt nicht mehr nach ihr, der lebt sie.

Das Genie in *Schlafes Bruder* ist dadurch gekennzeichnet, daß es nicht im ganzen Ausmaß von seiner Größe weiß, bestenfalls in einem beschränkten Rahmen durch den Vergleich mit seinem Onkel oder den anderen Kandidaten des Wettbewerbs. Allerdings erkennt es, daß es einem göttlichen Plan unterworfen ist, hat also zumindest eine Ahnung von seiner Auserwähltheit und besonderen Stellung (vgl. SB 144: „Wisse, daß ich mich gegen Deine Fügungen stelle."; außerdem SB 153: „Wenn ich mich wirklich gegen Gottes Plan stelle?"). Mangels Ausbildung und einem Bewußtsein für die Welt außerhalb seines Dorfes kann Elias keine Vorstellung vom Ausmaß seines Genies entwickeln. Er ist weit entfernt vom Ursprung des Genie-Ideals, dem Prometheus-Mythos. Dieser Mythos deutet sich bestenfalls an, wenn Elias sich gegen Gott auflehnt, wobei er zu keiner Zeit einen Anspruch auf prometheische Identität stellt, sondern sich lediglich in seiner Verzweiflung von Gott lossagen, nicht aber diesem gleichsetzen will.

Die Beschränktheit seiner Umgebung wirkt sich dahingehend fatal aus, daß es dem Genie eine geförderte, angeleitete Entwicklung versagt und ihm gleichzeitig keinen Ausgleich ermöglicht. Die leidenschaftliche Liebe, die Elias über die Musik stellt, bleibt ihm ebenfalls verwehrt. Auch hier sind die Ursachen im dörflichen Umfeld zu suchen: Zum einen fehlen in der Gesellschaft die Worte, um eine derartige Liebe auszudrücken, und zum anderen ist eine Liebe, wie Elias sie in sich fühlt und wie er sie zu erfüllen trachtet, den Menschen, insbesondere Elsbeth, nicht nachvollziehbar. Die Sprachlosigkeit ist eines der großen Themen des Romans, sei es die zwischen Vater und Sohn, die zwischen Elias und Elsbeth oder die der Eschberger überhaupt. Auch wegen dieser Sprachlosigkeit scheitert Elias, er erduldet sie und zerbricht an ihr.

Das Genie in *Schlafes Bruder* leidet also an der Unerfüllbarkeit seiner künstlerischen Vollendung sowie an der Unerfüllbarkeit seiner übergroßen Leidenschaft der Liebe. Talent und Leidenschaft werden dem Genie von Gott gegeben und zugleich vorenthalten, weshalb für Elias gilt, was Wackenroder im Kapitel „Die Töne" seiner *Phantasien* schreibt: „Eigentlich gleicht jeder Mensch mehr oder weniger dem Bilde des Tantalus in der Unterwelt. Wie treibt es, wie spornt es ihn an, - und wie erhält er so gar nichts!"⁴²⁵ Das Bild von Gott, der das Genie erschaffen hat, wirkt im Roman satanisch, denn Elias irrt in dem, was er letztlich tut. Gott hat ihm musikalisches Talent und Liebesfähigkeit im Übermaß gegeben und sorgt dafür, daß Elias sowohl an der Musik, als auch an der Liebe scheitert, die über seinen Tod hinaus nicht erfüllt, geschweige denn überhaupt erkannt wird. Sein Plan erscheint in der Tat „verschwenderisch" (vgl. SB 95) und ist in seiner Sinnlosigkeit wirklich „satanisch" (vgl. SB 13) zu nennen, erscheint wie ein launisches Spiel. Der einzige positive - ausreichend positive? - Aspekt des Planes ist die Wandlung von Peter zum gütigen Menschen. Eine Lösung, das Gottesbild zu erweitern und positiver zu gestalten, wäre, wenn Elias erkennen würde, daß die einzige Möglichkeit, eine Entsprechung für seine seelische Art der Liebe zu finden, in der Liebe zu Gott liegt. Nur in dieser kann er Erfüllung finden, nur diese ist vom Körperlichen, Menschlichen, vom Sündigen losgelöst. Sicher ist aber: „Der Tod ist das Thema des Romans. Genie, Kunst, Liebe - alles zielt in letzter Konsequenz darauf hin, die Sterblichkeit zu überwinden."⁴²⁶ Die Selbstvernichtung ist vielleicht als Höhepunkt einer Genieentwicklung zu sehen - weiter kann Individualität nicht getrieben werden, als ihre Auflösung zu finden.

Stellt man - nicht zuletzt wegen der Thematisierung einer Sehnsucht nach der Überwindung von Sterblichkeit - die Frage, ob Johannes Elias Alder wie ein „romantisches" Genie konzipiert ist, und setzt dagegen eine Definition dessen, was im 18. bzw. 19. Jahrhundert mit dem Begriff „romantisch" bezeichnet wurde⁴²⁷, so könnte man ihn tatsächlich als eine Figur bezeichnen, die in ihrer Konzeption zumindest oberflächlich die Züge eines romantischen Genies trägt. Notwendig ist aber dann der weitergehende Vergleich mit ähnlich konzipierten Figuren romantischer Dichtung, der letztlich die in der Arbeit beschriebenen Unterschiede zu Tage fördert.

Elias ist also ein Genie der Musik und in übertragenem Sinne eines der Liebe; er scheitert zuletzt nicht wirklich als musikalische Künstlerexistenz - der Erfolg in Feldberg und der Brief, der die Mutter erreicht, beweisen, daß Elias es trotz seiner Umgebung und aller Widrigkeiten geschafft hätte, ein anerkannter Künstler, viel-

---

⁴²⁵ Wackenroder, Werke, Bd. 1, S. 233.
⁴²⁶ Moritz, Halbherziges, S. 28.
⁴²⁷ Vgl. Pikulik, Frühromantik, S. 75: „Als 'romantisch' wirkt nicht das Nahe, sondern das Ferne; nicht das Gegenwärtige, sondern das Vergangene,; nicht das Alltägliche und Gewöhnliche, sondern das Sonderbare; nicht das Erkennbare und Erklärliche, sondern das Dunkle und Unbegreifliche; nicht das deutlich Bestimmte, sondern das Vage, Unbestimmte. Und als 'romantisch' wirkt auch ein Mensch, der wenig Sinn für die Wirklichkeit besitzt, sondern schwärmt, träumt, sich eher seiner Einbildungskraft als seinem Verstand überläßt."

leicht sogar das große Musikgenie, das dem Leser zu Beginn des Romans ausgemalt wird, zu werden -, im Gegenteil: Die Momente, in denen er sich seiner Kunst hingibt, sind beinahe durchweg positiv geprägt, vielmehr scheitert er an der Unmöglichkeit der Erwiderung, also der irdischen Erfüllung seiner Vorstellung von Liebe.[428] Zu ihrer vollkommenen Erfüllung müßte Elsbeth eine kongeniale Existenz sein, wovon sie natürlich weit entfernt ist. Es bleibt die Frage, ob Elias' Liebe nicht bereits messianischen Charakter hat, eine Erwiderung sucht und auslebt, die letztlich nur in der Liebe von und zu Gott und in einem erfüllten, nicht mehr von Zweifeln geplagten Glauben zu finden ist. In diesem Falle hätte Gott einen Menschen geschaffen, dem er schwerste Prüfungen auferlegt, Genialität in größter Vielfältigkeit schenkt, dem er den Keim einer selbstlosen, vollkommenen Liebe eingepflanzt hat, um gewissermaßen einen idealen Gläubigen zu entwickeln, dem aber schließlich die intellektuellen Fähigkeiten fehlen, um seine Situation zu erkennen. Solche Fehler macht Gott nicht - es sei denn als Romanfigur (die hier letztendlich zur Ironisierung des Erzählers dient). Letztlich ist das Spannungsfeld im Protagonisten zwischen Glaubenwollen und Zweifeln nicht wirklich gelöst, wahrhaftig erlösen kann der Glaube in *Schlafes Bruder* nicht.

Robert Schneider konzipiert ein Genie, das nichts wirklich Neues in sich birgt, im Gegenteil eher einem Katalog von Genietypischem folgt: Es ist körperlich abnorm und stigmatisiert, hat infantile Züge und endet im Wahnsinn, es ist ein von Gott Erwählter und von der Gesellschaft Ausgestoßener, es besitzt messianische Züge und, wenn man Peter bedenkt, erlösende Qualität, es leidet an einer unerfüllten Liebe und wählt schließlich den Tod als Ausweg.[429] Sein Leben und sein Leiden haben bekannte Vorbilder ganz ähnlich durchgestanden, die Art und Wirkung der Musik, wie sie im Roman beschrieben wird, ist Gegenstand einer Vielzahl musikästhetischer und -theoretischer Schriften oder musikthematischer Dichtungen. Auch Struktur und Sprache fußen auf Imitation, mit der polaren Erzählstruktur steht der Roman etwa Wackenroder sehr nahe, mit der Wortwahl eher Hoffmann. Die Kulissen der Geschichte sind altbekannt und altbewährt und das besondere, in diesem Maße vielleicht noch nicht zu Papier gebrachte Talent zu hören, zu imitieren und zu komponieren hat spätestens mit dem vergleichbaren „Duftgenie" aus

---

[428] Das dem Erzähler der Aspekt der unerwiderten Liebe wichtiger erscheint als die Betonung des musikalischen Genies zeigt bereits die Ouvertüre des Romans. Dort ist lediglich die Rede von der „Geschichte des Musikers Johannes Elias Alder", nicht etwa des „musikalischen Wunderkindes" oder „Musik-Genies"; statt dessen stellt der Erzähler die Liebesthematik eindeutig in den Vordergrund.

[429] Vgl. dazu Frizen, Süskind, S. 64ff.: Frizen nennt einige dieser Punkte Symptome der „Krankheitsgeschichte des Genies".

Süskinds *Parfum* (s. u.) ebenfalls seine Vorlage gefunden. Neu ist lediglich, um im Bild zu bleiben, die Rezeptur, das Verhältnis der bewährten Grundstoffe, mit der Schneider den besonderen Duft, der seinem Genie anhaftet, zusammenmischt.

8.2 *Schlafes Bruder* und Patrick Süskinds *Das Parfum*

Der in dieser Arbeit beschriebene Pastiche-Charakter des Romans, die Entlehnungen, das Parodistische, das Imitieren und Zitieren in Schlafes Bruder - all das legt das - umstrittene - Stichwort „Postmoderne" nahe. Das in diesem Zusammenhang am häufigsten genannte Werk, wenn ein Vergleich zu Schneiders Roman gesucht wird, ist Patrick Süskinds *Das Parfum*. Dies liegt an inhaltlichen wie stilistischen Parallelen[430], sicherlich aber auch an der sehr ähnlichen Erfolgsgeschichte der beiden Bücher, die ohne Zweifel zu einem großen Teil in der jeweiligen Besonderheit der Konzeption des Genies liegt - Grund genug einen Vergleich zu ziehen.

Für beide Romane gilt, was Uwe Wittstock versucht, an typischen Stilelemente von Autoren der sogenannten Postmoderne herauszufiltern: Er entdeckt eine „Vorliebe für das Pastiche, für die Anspielung und das Zitat, für die Aneignung aktuell verbreiteter oder die Nachahmung historischer Schreibweisen"[431]. Dabei dürfe ein Kunstwerk sich im Zeitalter der Postmoderne „nicht auf eine Sprachebene, einen Diskurs beschränken", vielmehr müsse es „die Kenner sowohl wie die große Öffentlichkeit ansprechen", also „elitäre Bedürfnisse ebenso befriedigen wie populäre und müsse moderne Elemente genauso aufnehmen wie traditionelle"[432]. Die Krite-

---

[430] Vgl. dazu etwa Spinner, Kaspar H.: Stil-Etüden zu Süskind. In: Der Deutschunterricht 3 (1996) S. 32f.: Süskind spiele „mannigfach mit tradierten Stilmustern", wichtig sei in manchen Passagen die „starke Rhythmisierung der Sprache, die mit der Wortwiederholung" zusammenhänge - Feststellungen, die auch für Schneider Gültigkeit besitzen.
Vgl. außerdem Frizen, Süskind, S. 13: Bei Süskind werden „stilistische und motivische Adaptionen vornehmlich aus Kunstwerken des 19. Jahrhunderts (Kleist, E.T.A. Hoffmann) und auch aus eher trivialem Genre aufgezeigt".
Wie Schneider zeigt auch Süskind „keine Scheu, ins hochsprachliche Vokabular Dialektausdrücke [...] zu streuen" oder Gebrauch „von fremdsprachigen Vokabeln zu machen" (Frizen, Süskind, S. 115).
So wie Schneider sich der musikalischen Terminologie bedient, nutzt Süskind die der Parfumeurskunst. Für beide gilt dabei: „Damit die Herstellung des Wunderbaren überhaupt erzählt werden kann, bedarf es einer realistisch-wissenschaftlichen Außenseite." (Frizen, Süskind, S. 119) Dazu dienen bei Schneider im übrigen auch historisch realistisch klingende Absätze wie „die Sterbematriken berichten von 'dreien Weipern, welche nach Kintsmord ohn' Seligkeit verschiden'„ (SB 103).
[431] Wittstock, Uwe: Nachwort. In: Wittstock, Uwe (Hg.): Roman oder Leben. Postmoderne in der deutschen Literatur. Leipzig 1994. S. 330f.
[432] Wittstock, Nachwort, S. 328f.

rien der „Doppelcodierung", also der Verwendung einer elitären und zugleich populären Sprache, und der Intertextualität, als leserfesselndem Dialog von Kunstwerken, lassen sich auch für *Schlafes Bruder* festmachen - im gleichen Sinne wie für das *Parfum*, das sicherlich einen gewissen Vorbildcharakter für Schneiders Roman gehabt hat, wie das Folgende, eine Analyse besonders der inhaltlichen Parallelen, zeigen wird.

Was für Süskinds *Parfum* gilt, besitzt gleichermaßen für *Schlafes Bruder* eine gewisse Gültigkeit: Auch

> „Süskind [greift] auf die Geschichte zurück, zeichnet Menschen, Städte, Zivilisationserscheinungen einer vergangenen Epoche nach, erfindet eine spannende Handlung, [...] präsentiert Obsessionen, Geheimnisse, Leidenschaften und läßt am Ende Zerfall, Tod, Untergang siegen. Auch der Verzicht auf alles Experimentelle, der Rückgriff auf das konventionelle, nämlich chronologisch fortschreitende, auf Höhepunkte zulaufende, Handlungsetappen markierende Erzählen im Präteritum verbindet beide Romane, ebenso aber auch der Verzicht auf eine Lehre, auf den Transport von Ideen und festen Werten, ja sogar auf ein *happy end*. Es scheint, als erliege der Versuch, alte Inhalte neu zu beleben, eher der Gefahr des Epigonalen als der Rückgriff auf ein konventionelles Erzählverfahren. [...] Doch auch der Rückgriff auf ältere Stilelemente garantiert noch keine wirklich postmoderne Dichtung"[433].

Schneider selbst bekennt sich zu *Parfum*-Parallelen, die es „von der Wiege bis zur Bahre" gebe, stellt gleichzeitig jedoch den entscheidenden Unterschied fest: „Der Erzähler von 'Schlafes Bruder' nimmt Anteil, er haßt und er liebt [...]. [Der] Roman bekennt sich ganz eindeutig zu Emotionen. [...] Und das macht eben 'Das Parfum' von Süskind nicht. Süskind hält sich da sehr zurück."[434]

Rückt man Süskinds *Parfum* auf das Feld des Künstlerromans, finden sich auch in dieser Hinsicht Parallelen zu *Schlafes Bruder*. So wie der Erzähler Elias mit Mozart, Sokrates und anderen Größen vergleicht, wird im *Parfum* Grenouille mit de Sade, Saint-Just, Fouché und Bonaparte verglichen. Mit den jeweiligen Vergleichen deuten die Erzähler bereits die positive bzw. negative Prägung des Genies an.

Jacobson stellt drei Strategien fest, mit denen der Erzähler sein Werk fundiert: Erstens, mit „precise dates for his birth and death" werde dem Leser die Möglichkeit gegeben, Grenouille als historische Figur zu sehen, zweitens werde der Geschichte ihre originelle Dimension dadurch gegeben, daß die Hauptfigur „the only olfactory genius in literature" sei, und zum dritten werde mit der Plazierung des Genies „in the domain of smell" dem Roman die Basis „for most of its metaphors,

---

[433] Petersen, Jürgen H.: Der deutsche Roman der Moderne. Grundlegung - Typologie - Entwicklung. Stuttgart 1991. S. 408.
[434] Kruse, Interview, S. 99.

puns, ploys, and inventiveness"[435] gegeben. In *Schlafes Bruder* finden sich diese Strategien ganz ähnlich: Elias wird als historische, allerdings vergessene Figur eingeführt, er wäre, wenn eben nicht gestorben und vergessen, das größte Musikgenie aller Zeiten geworden, und natürlich schafft sich der Erzähler mit dem Rahmen einer Musikergeschichte ebenfalls eine facettenreiche Basis an sprachlichen Möglichkeiten für seine Geschichte. Um den Vergleich mit Süskinds *Parfum* an dieser Stelle abzuschließen, sollen noch einige der Punkte, die zu dem Schluß kommen lassen, *Das Parfum* sei ein Künstlerroman, und die an verwandte Passagen in *Schlafes Bruder* erinnern, gezeigt werden:

Grenouille, der selbst ohne Geruch ist, wird von einer Amme versorgt, die glaubt, daß er vom Teufel besessen sei.

Während Grenouille sich als Neugeborenes „gegen die Liebe und dennoch für das Leben entschieden hatte"[436], entscheidet Elias sich als Erwachsener genau umgekehrt. Grenouille sorgt mit einem Schrei, den er ausstößt, dafür, daß er am Leben bleibt - und eben diesen Schrei will der neugeborene Elias verweigern, womit sich die spätere Entscheidung gegen das Leben als bereits in der Geburt angelegt erweist.

Obwohl „sich die schöpferische Tätigkeit des Wunderkindes Grenouille allein in seinem Innern abspielte und von niemandem wahrgenommen werden konnte als nur von ihm selbst", war „seine Begabung [am ehesten] vielleicht der eines musikalischen Wunderkindes vergleichbar"[437]. Ebenso wie Elias in seinem Kopf komponiert, Erinnerung an Musik wachrufen oder vergangene Bilder in Musik umsetzen kann, hat auch Grenouille „a highly specialized [...] memory, and his ability to conjure odors up at will and to combine and recombine them in his imagination"[438].

In seiner Kindheit wird Grenouille - Elias geht es ganz ähnlich - von anderen Kindern wegen seiner Andersartigkeit ausgeschlossen, „sie konnten ihn nicht riechen"[439], und wenn Elias seine Zuhörer mit seinen Kompositionen betört, so vermag Grenouille dies mit von ihm komponierten Düften. Beide müssen ansonsten unter ihrer Stigmatisierung - abschreckende Häßlichkeit sowie Duftlosigkeit bei Grenouille und vorzeitiges Altern sowie gelbe Augen bei Elias - leiden. Ein Antrieb, der beiden Figuren gleich ist, ist deshalb die Suche nach Nähe. Der eine sucht den

---

[435] Jacobson, Manfred R.: Patrick Süskind's *Das Parfum*: A postmodern *Künstlerroman*. In: The German Quarterly 65 (1992) S. 201f.
[436] Süskind, Parfum, S. 28.
[437] Süskind, Parfum, S. 35.
[438] Jacobson, Süskind's *Parfum*, S. 206.
[439] Süskind, Parfum, S. 30.

Duft, der die Menschen ihn lieben macht, der andere findet „durch unermüdliches Üben zu einer Stimme [...], deren Ton jedermann auf das Allerwärmste anrührte" (SB 60).

Letztlich hinterlassen beide genialen Figuren keine Spuren in der Geschichte; so wie Grenouille „in jeder Faser vom Erdboden verschwunden"[440] ist, so ist auch Elias „plötzlich spurlos verschwunden" (SB 204). Für Judith Ryan zeigt sich darin das parodistische Element des *Parfums*: „Wenn man bedenkt, daß ein Genie per definitionem derjenige ist, der in der Geschichte Spuren zurückläßt, wird das Parodistische an diesem Text noch deutlicher."[441]

Auch Süskinds Werk wird „Pastiche-Roman" genannt, eine „elegant getarnte Reise durch die Literaturgeschichte" und durch die lyrische Topographie, „die sich [...] über den in Deutschland so verbreiteten Geniekult zumal in der Ästhetik lustig macht: Der dämonische Duftmischer Grenouille gibt sich auf den zweiten Blick als begnadete Parodie auf das romantische Künstlerideal zu erkennen - zusammengezimmert aus Versatzstücken eben jener literarischen Romantik"[442]. Das gleiche Motiv wendet Robert Schneider vorgeblich ins Tragische. Auch er übernimmt „einen historischen Tonfall" und schreckt nicht vor „abgenutzten Handlungsmustern zurück". Allerdings verleiht Schneider seinem Pastiche ein parodistisches Element, indem er etwa „diese Klischees effektvoll konfrontiert mit denen der sozialkritischen Bauernliteratur"[443].

8.3 Ein maßgeschneiderter Erfolgsroman

Angesichts der Verkaufszahlen, die Rainer Moritz für den Zeitraum von der Erstveröffentlichung bis zum Ende 1995 angibt[444], wird deutlich, daß Robert Schneider

---

[440] Süskind, Parfum, S. 320.
[441] Ryan, Judith: Pastiche und Postmoderne. In: Lützeler, Paul Michael (Hg.): Spätmoderne und Postmoderne. Beiträge zur deutschsprachigen Gegenwartsliteratur. Frankfurt am Main 1991. S. 97.
Ryan legt mit dieser Aussage natürlich eine soziologische Relation des Genies zugrunde.
[442] Wittstock, Nachwort, S. 337f.
Vgl. dazu auch Ryan, Pastiche, S. 101: „Indem er aber seine Anspielungen auf eine immer noch verehrte literarische Vergangenheit so einsetzt, daß sie ihrer Ursprünglichkeit beraubt und gleichsam in eine unreine Mischung aufgelöst werden, stellt er bekannte Talismane unserer Kultur in Frage."
[443] Wittstock, Nachwort, S. 338f.
[444] Vgl. Moritz, Halbherziges, S. 12: Die „im August '94 erschienene Taschenbuchausgabe [erreichte] 14 Auflagen und einen Absatz von über 600.000 Exemplaren. Das Hardcover wurde, in acht Auflagen, etwa 100.000mal verkauft, und die im August '95 nachgeschobene Liebhaberausgabe [...] ging mehr als 10.000mal über den Ladentisch".

mit seinem Roman ein Ausnahmeerfolg gelungen ist. Dazu haben verschiedene Aspekte beigetragen: Da war eine große, überwiegend positive Presserezeption, der Autor debütierte bei einem Leipziger Verlag, „dem die Sympathie des Feuilletons galt", hinzu kam im Fernsehen eine Besprechung im *Literarischen Quartett*, also bestmögliche Medienpräsenz, außerdem blieb Schneider mit seiner Geschichte durch die Verfilmung und die Oper, welche auf dem Roman basieren, in aller Munde.

Hinzu kommen für Moritz aber auch Umstände wie die Tatsache, daß für „nahezu alle überdurchschnittlichen Erfolge, die die deutschsprachige Literatur in den letzten zwei Jahrzehnten aufweist, [...] kennzeichnend [ist], daß sie Ungewöhnliches, Fernes oder Exotisches ausbreiten"[445] - wie es auch *Schlafes Bruder* mache. Außerdem aber sei der Roman „unverhohlen eine Botschaft der Emotion, des Anti-Intellekts", ein „Roman der hohen Gefühle, in Zeiten des Singledaseins"[446]. Mit anderen Worten: Schneider hat mit seinem Buch das Lesebedürfnis seiner Zeit angesprochen und befriedigt. Zeyringer meint, *Schlafes Bruder* manifestiere „ein Leserbedürfnis nach versöhnlicher ausklingenden Geschichten 'von unten' in einfacher, teilweise anheimelnd poetischer Sprache"[447].

Die romantischen Dichter waren bemüht, sich mit dem zeitgenössischen Gedankengut auseinanderzusetzen.[448] Schneider, als wohl aktuellster Verfasser eines Musikerromans, präsentiert sich eher nicht als Autor, der sich mit aktuellen Tendenzen in der Musiklandschaft auseinandersetzt, sondern er sucht die Nähe zum in der Romantik entworfenen Künstlertypus, dem eine über die Epoche hinaus wirkende Kraft innewohnt. Er beläßt es allerdings bei einem Spiel mit der Romantik, so daß durch sie wohl eher die Situierung in ein historisches Umfeld und Abrundung eines altertümelnden Gefühls, das beim Leser erzeugt wird, vorgenommen werden soll. Es kommt aber zu keiner tragfähigen und bewußt angesteuerten Erneuerung romantischer Prinzipien, wie sie etwa Hermann Hesse in seinen ersten Werken verfolgte. Immer wieder muß die Rede von Versatzstücken sein. So geht es beispielsweise in *Schlafes Bruder* nicht um eine Kluft im Künstler zwischen „innen" und „außen", die ihre Ursprünge in einer damals sich neuentwickelnden Auffassung von Kunst und ihren Quellen, von Inspiration und Schaffen, vom Künstler und seiner

---

[445] Moritz, Halbherziges, S. 21. Moritz nennt als Beispiele *Das Parfum*, Sten Nadolnys *Entdeckung der Langsamkeit* oder Erich Hackls *Auroras Anlaß*.
[446] Moritz, Halbherziges, S. 22f.
[447] Zeyringer, Stiefbruder, S. 61.
[448] Vgl. Schoolfield, figure, S. 194f.: „The writers of Romanticism, Hoffmann in particular, had stood in close connection with contemporary thought [...]."

Umwelt hatte; in *Schlafes Bruder* klingen ähnliche Konflikte an, werden aber lediglich an der Oberfläche ausgereizt. Die Anrührung der Lesergefühle ist das ausschlaggebende Moment. Ein mit allen Mitteln der emotionalen Palette gemaltes, also aus einem reichen Fundus konzipiertes Genie wie das in *Schlafes Bruder* bietet im Prinzip alles, was in der gegenwärtigen Leselandschaft und Verlagswelt gesucht wird: Eine scheinbar neue, herausragende Figur, die trotzdem in alte Schemata paßt, spannende Unterhaltung, die zumindest oberflächlich auch den literarischen Intellekt des Lesers anspricht, gekleidet in eine sprachliche Form, die außergewöhnlich ist, künstlerisch vollendet wirkt, aber nie so avantgardistisch oder kompliziert, daß sie verunsichern oder gar langweilen könnte. Der Hintergrund, aus dem die Nähe zur romantischen Genie-Konzeption, aber auch zu Erfolgen wie *Das Parfum* gesucht wird bzw. vorhanden ist, bleibt grundsätzlich ein für die Belletristik der Neunziger Jahre des 20. Jahrhunderts typischer: Mit dem Gedanken an neue Formen und Stile, geschöpft aus der Mischung von alten und neuen Formen, aus Epigonentum und freiem Spiel mit Neuschöpfungen, aber stets unter der Maxime des notwendigen unterhaltsamen Moments, wird eine literarische Mixtur geschaffen, die alte Weisheiten auf relativ neue Art - weil das benutzte alte Gewand offensichtlich und ohne Heimlichkeit drapiert wird, damit es seine Wirkung tue - vermittelt. Durch Stil und intertextuelle Anspielungen wird beim Leser ein Déjà-vu-Gefühl erzeugt, das die ästhetische Wirkung beim Leseerlebnis erhöht, obwohl die Konstruktion durchscheint.

Vielleicht ist der Vorwurf, den man dem Erfinder des Genies Johannes Elias Alder machen kann, daß dieses in seiner Konzeption wirkt, als sei es maßgeschneidert worden für den wirtschaftlichen Erfolg in einer offensichtlich berechenbaren Lesegesellschaft. Die Leser jedoch erfreuen sich offensichtlich am Mythischen der Figur, dem neuen und zugleich vertrauten Klang der Sprache und entdecken den phänomenologischen Zugang zu einer neuen Welt über das Hören eines Wunderkindes, unabhängig davon, ob sie schon einmal in ähnlichen Werken derartigen Sinnbildern des Erhabenen gefolgt sind oder nicht.

Literaturverzeichnis

1. Primärliteratur

Gebet- und Gesangbuch für das Erzbistum Köln. Köln 1949. [zit. als Gebet- und Gesangbuch]

Hoffmann, E.T.A.: Poetische Werke. Hrsg. v. Klaus Kanzog. Mit Federzeichnungen von Walter Wellenstein. 12 Bde. Berlin 1957-1962 [zit. als Hoffmann, Werke]

Kant, Immanuel: Werke, Akademie-Textausgabe. Unveränderter, photomechanischer Abdruck des Textes der von der Preußischen Akademie der Wissenschaften 1902 begonnenen Ausgabe der von Kant gesammelten Schriften. 9 Bde. Berlin 1968 [zit. als Kant, Werke]

Novalis: Schriften. Die Werke Friedrich von Hardenbergs. Begründet v. Paul Kluckhohn u. Richard Samuel. Hrsg. v. Richard Samuel in Zusammenarbeit mit Hans-Joachim Mähl u. Gerhard Schulz. Historisch-kritische Ausgabe in 4 Bänden, einem Materialienband u. einem Ergänzungsband mit dem dichterischen Jugendnachlaß u. weiteren neu aufgetauchten Handschriften. Stuttgart, Berlin, Köln, Mainz 1960-1988 [zit. als Novalis, Schriften]

Schneider, Robert: Schlafes Bruder. 15. Aufl. Leipzig 1996 [zit. als SB]

Süskind, Patrick: Das Parfum. Zürich 1994 [zit. als Süskind, Parfum]

Wackenroder, Wilhelm Heinrich: Sämtliche Werke und Briefe. Historisch-kritische Ausgabe. Hrsg. v. Silvio Vietta u. Richard Littlejohns. 2 Bde. Heidelberg 1991 [zit. als Wackenroder, Werke]

2. Sekundärliteratur

Alefeld, Yvonne-Patricia: Göttliche Kinder. Die Kindheitsideologie in der Romantik. Paderborn, München u.a. 1996 [zit. als Alefeld, Kinder]

Barion, Hans: Heiligsprechung. In: Die Religion in Geschichte und Gegenwart. Bd. 3. Tübingen 1959. Sp. 176-177 [zit. als Barion, Heiligsprechung]

Benz, Richard: Die Welt der Dichter und die Musik. Düsseldorf 1949 [zit. als Benz, Welt]

Büchner, Anton: Wackenroder und die Musik. In: Die Musik 11 (1911/12) S. 323-333 [zit. als Büchner, Wackenroder]

Daemmrich, Horst S.: E.T.A. Hoffmann: Kater Murr. In: Interpretationen. Romane des 19. Jahrhunderts. Stuttgart 1992. S. 203-249 [zit. als Daemmrich, Hoffmann]

Dahlhaus, Carl/Zimmermann, Michael (Hgg.): Musik zur Sprache gebracht. München, Kassel u.a. 1984 [zit. als Dahlhaus, Musik]

Doerry, Martin: Ein Splittern von Knochen. In: Der Spiegel 48 (1992) S. 254-257 [zit. als Doerry, Splittern]

Dürr, Alfred: Die Kantaten von Johann Sebastian Bach. 2 Bde. Kassel, Basel u.a. 1971 [zit. als Dürr, Kantaten]

Edinger, Ursula: *Schlafes Bruder* in der Kritik des Auslandes. In: Moritz, Rainer (Hg.): Über „Schlafes Bruder". Materialien zu Robert Schneiders Roman. 2. durchges. Aufl. Leipzig 1996. S. 123-138 [zit. als Edinger, Kritik]

Feldges, Brigitte/Stadler Ulrich: E.T.A. Hoffmann. Epoche - Werk - Wirkung. München 1986 [zit. als Feldges, Hoffmann]

Fetzer, John F.: „Auf Flügeln des Gesanges". Die musikalische Odyssee von Berglinger, BOGS und Kreisler als romantische Variation der literarischen Reise-Fiktion. In: Scher, Steven Paul (Hg.): Literatur und Musik. Ein Handbuch zur Theorie und Praxis eines komparatistischen Grenzgebietes. Berlin 1984. S. 258-277 [zit. als Fetzer, Odyssee]

Frey, Marianne: Der Künstler und sein Werk bei Wilhelm Heinrich Wackenroder und E.T.A. Hoffmann. Vergleichende Studien zur romantischen Kunstanschauung. Bern 1970 [zit. als Frey, Künstler]

Fricke, Gerhard: Wackenroders Religion in der Kunst. In: Fricke, Gerhard: Studien und Interpretationen. Frankfurt a. M. 1956. S. 186-213 [zit. als Fricke, Religion]

Frizen, Werner: Patrick Süskind, Das Parfum: Interpretation von Werner Frizen und Marilies Spancken. München 1996. [zit. als Frizen, Süskind]

Hackl, Erich: Laudatio auf Robert Schneider. In: Moritz, Rainer (Hg.): Über „Schlafes Bruder". Materialien zu Robert Schneiders Roman. 2. durchges. Aufl. Leipzig 1996. S. 48-55 [zit. als Hackl, Laudatio]

Hackl, Erich: Legende vom schlaflosen Musiker. In: „Robert Schneider". Leipzig 1994. S. 3-6 [RECLAM LEIPZIG Verlagspublikation nach einem Artikel aus: Die Zeit (02. 10. 1992)] [zit. als Hackl, Legende]

Hauer, Bernard E.: Die Todesthematik in *Wilhelm Meisters Lehrjahre* und *Heinrich von Ofterdingen*. In: Euphorion 79 (1985) S. 182-206 [zit. als Hauer, Todesthematik]

Hein, Jürgen: Dorfgeschichte. Stuttgart 1976 [zit. als Hein, Dorfgeschichte]

Hertrich, Elmar: Joseph Berglinger. Eine Studie zu Wackenroders Musiker-Dichtung. Berlin 1969 [zit. als Hertrich, Berglinger]

Hofe, Gerhard vom: Göttlich-menschlicher Amadeus. Literarische Mozart-Bilder im Horizont des romantischen Kunst- und Geniebegriffs. In: Athenäum 4 (1994) S. 189-218 [zit. als Hofe, Amadeus]

Hofe, Gerhard vom: Das unbehagliche Bewußtsein des modernen Musikers. Zu Wackenroders „Berglinger" und Thomas Manns „Doktor Faustus". In: Anton, Herbert/Gajek, Bernhard/Paff, Peter (Hgg.): Geist und Zeichen. Festschrift für Arthur Henkel. Heidelberg 1977. S. 144-156 [zit. als Hofe, Bewußtsein]

Jacobson, Manfred R.: Patrick Süskind's *Das Parfum*: A postmodern *Künstlerroman*. In: The German Quarterly 65 (1992) S. 201-211 [zit. als Jacobson, Süskind's *Parfum*]

Jaffé, Aniela: Bilder und Symbole aus E.T.A. Hoffmanns Märchen *Der Goldne Topf*. 3. veränd. Aufl. Zürich 1986 [zit. als Jaffé, Bilder]

Kahnt, Rose: Die Bedeutung der bildenden Kunst und der Musik bei Wilhelm Heinrich Wackenroder. Marburg 1969 [zit. als Kahnt, Bedeutung]

Kanzog, Klaus: Formel, Motiv, Requisit und Zeichen. In: Brinkmann, Richard (Hg.): Romantik in Deutschland. Ein interdisziplinäres Symposion. Stuttgart 1978. S. 625-638 [zit. als Kanzog, Formel]

Kielholz, Jürg: Wilhelm Heinrich Wackenroder. Schriften über die Musik. Musik- und literaturgeschichtlicher Ursprung und Bedeutung in der romantischen Literatur. Bern/Frankfurt a. M. 1972 [zit. als Kielholz, Wackenroder]

Kluckhohn, Paul: Die Auffassung der Liebe in der Literatur des 18. Jahrhunderts und in der deutschen Romantik. Halle 1922 [zit. als Kluckhohn, Auffassung]

Körtner, Ulrich H. J.: Liebe, Schlaf und Tod. Ein theologischer Versuch zu Robert Schneiders Roman *Schlafes Bruder*. In: Moritz, Rainer (Hg.): Über „Schlafes Bruder". Materialien zu Robert Schneiders Roman. 2. durchges. Aufl. Leipzig 1996. S. 92-100 [zit. als Körtner, Liebe]

Kruse, Bernhard Arnold: Interview mit Robert Schneider. In: Der Deutschunterricht 2 (1996) S. 93-101 [zit. als Kruse, Interview]

Lange-Eichbaum, Wilhelm/Kurth, Wolfram: Genie, Irrsinn und Ruhm. Genie-Mythus und Pathographie des Genies. Repr. d. 6. Aufl. 1967. München 1979 [zit. als Lange-Eichbaum, Genie]

Lange-Eichbaum, Wilhelm: Das Genieproblem. Eine Einführung. 3. erg. Aufl. München/Basel 1951 [zit. als Lange-Eichbaum, Genieproblem]

Langen, August: Romantik. In: Deutsche Sprachgeschichte vom Barock bis zur Gegenwart. In: Stammler, Wolfgang (Hg.): Deutsche Philologie im Aufriß. 2. überarb. Aufl. Berlin 1957. Bd. 1. Sp. 1172-1260 [zit. als Langen, Romantik]

Leroy, Robert/Pastor, Eckart: Die Initiation des romantischen Dichters. Der Anfang von Novalis' *Heinrich von Ofterdingen*. In: Ribbat, Ernst (Hg.): Romantik. Ein literaturwissenschaftliches Studienbuch. Königstein/Taunus 1979. S. 38-57 [zit. als Leroy, Initiation]

Lubkoll, Christine: Mythos Musik. Poetische Entwürfe des Musikalischen in der Literatur um 1800. Freiburg i. Br. 1995 [zit. als Lubkoll, Mythos]

Lüthi, Hans Jürg/Schultz, Franz: Romantik. In: Reallexikon der deutschen Literaturgeschichte. begr. v. Paul Merker u. Wolfgang Stammler. Neu bearb. u. unter redaktioneller Mitarbeit v. Klaus Kanzog sowie Mitw. zahlr. Fachgelehrter. Hrsg. v. Werner Kohlschmidt u. Wolfgang Mohr. 2. Aufl. Berlin, New York 1977. Bd. 3. S. 578-594 [zit. als Lüthi, Romantik]

Malek, Jan: Gesellenstück. Ein Interview mit Robert Schneider anläßlich seines Romans SCHLAFES BRUDER. In: Buchkultur 18 (1992) S. 22 [zit. als Malek, Gesellenstück]

Matt, Beatrice von: Föhnstürme und Klangwetter. In: Moritz, Rainer (Hg.): Über „Schlafes Bruder". Materialien zu Robert Schneiders Roman. 2. durchges. Aufl. Leipzig 1996. S. 154-157 [zit. als Matt, Föhnstürme]

Matt, Peter von: Gespaltene Liebe. In: Brinkmann, Richard (Hg.): Romantik in Deutschland. Ein interdisziplinäres Symposion. Stuttgart 1978. S. 584-599 [zit. als Matt, Liebe]

Mies, Paul: Die geistlichen Kantaten Johann Sebastian Bachs und der Hörer von heute. 2 Bde. Wiesbaden 1959 [zit. als Mies, Kantaten]

Mittenzwei, Johannes: Das Musikalische in der Literatur. Ein Überblick von Gottfried von Straßburg bis Brecht. Halle 1962 [zit. als Mittenzwei, Das Musikalische]

Moritz, Rainer: Nichts Halbherziges. *Schlafes Bruder*: das (Un-) Erklärliche eines Erfolges. In: Moritz, Rainer (Hg.): Über „Schlafes Bruder". Materialien zu Robert Schneiders Roman. 2. durchges. Aufl. Leipzig 1996. S. 11-29 [zit. als Moritz, Halbherziges]

Mülher, Robert: Die Einheit der Künste und das Orphische bei E.T.A. Hoffmann. In: Fuchs, Albert/Motekat, Helmut (Hgg.): Stoffe, Formen, Strukturen. Studien zur deutschen Literatur. H.H. Borcherdt zum 75. Geburtstag. München 1962. S. 345-360 [zit. als Mülher, Einheit]

Mühlher, Robert: Liebestod und Spiegelmythe in E.T.A. Hoffmanns Märchen *Der Goldne Topf*. In: ZfdPh 67 (1942) S. 21-56 [zit. als Mühlher, Liebestod]

Nagy, N. Christoph de/Nagy, Maria von: Die Legenda aurea und ihr Verfasser Jacobus de Voragine. Bern/München 1971 [zit. als Nagy, Legenda aurea]

Nahrebecky, Roman: Wackenroder, Tieck, E.T.A. Hoffmann, Bettina von Arnim. Ihre Beziehung zur Musik und zum musikalischen Erlebnis. Bonn 1979 [zit. als Nahrebecky, Wackenroder]

Naumann, Barbara: Musikalisches Ideen-Instrument. Das Musikalische in Poetik und Sprachtheorie der Frühromantik. Stuttgart 1990 [zit. als Naumann, Ideen-Instrument]

Ohrlinger, Herbert: Ein Neuer aus Österreich. In: Moritz, Rainer (Hg.): Über „Schlafes Bruder". Materialien zu Robert Schneiders Roman. 2. durchges. Aufl. Leipzig 1996. S. 139-143 [zit. als Ohrlinger, Neuer]

Peters, Günter: Genie, Originalität. In: Literatur Lexikon. Hrsg. v. Walther Killy. Gütersloh, München 1992. Bd. 13. S. 359-360 [zit. als Peters, Genie]

Petersen, Jürgen H.: Der deutsche Roman der Moderne. Grundlegung - Typologie - Entwicklung. Stuttgart 1991 [zit. als Petersen, Roman]

Pikulik, Lothar: Frühromantik. Epoche - Werk - Wirkung. München 1992 [zit. als Pikulik, Frühromantik]

Prümm, Karl: Berglinger und seine Schüler. Musiknovellen von Wackenroder bis Richard Wagner. In: ZfdPh 105 (1986) S. 186-212 [zit als Prümm, Berglinger]

Révész, Géza: Talent und Genie. Grundzüge einer Begabungspsychologie. München 1952 [zit. als Révész, Talent]

Ribbat, Ernst: Die Romantik. Wirkungen der Revolution und neue Formen literarischer Autonomie. In: Zmegac, Viktor (Hg.): Geschichte der deutschen Literatur vom 18. Jahrhundert bis zur Gegenwart. Königstein/Ts. 1978-1984. Bd. I/2. S. 92-215 [zit. als Ribbat, Romantik]

Richards, Ruthann: Joseph Berglinger. A radical composer. In: Germanic Review 50 (1975) S. 124-139 [zit. als Richards, Berglinger]

Richolet, Gaston: Kirche, deine Heiligen. Würzburg 1970 [zit. als Richolet, Kirche]

Riedel, Herbert: Die Darstellung von Musik und Musikerlebnis in der erzählenden deutschen Dichtung. Diss. masch. Bonn 1959 [zit. als Riedel, Darstellung]

Rosenfeld, Hellmut: Legende. Stuttgart 1982 [zit. als Rosenfeld, Legende]

Ryan, Judith: Pastiche und Postmoderne. In: Lützeler, Paul Michael (Hg.): Spätmoderne und Postmoderne. Beiträge zur deutschsprachigen Gegenwartsliteratur. Frankfurt am Main 1991. S. 91-103 [zit. als Ryan, Pastiche]

Sarecka, Ilse: Musik als Ausdruck von Enttäuschung und Weltflucht in der Literatur der deutschen Romantik. In: Germanica Wratislaviensia 80 (1990) S. 291-300 [zit. als Sarecka, Musik]

Schäfer, Philipp. Der Weg der Auseinandersetzung mit dem Rationalismus der Aufklärung zum Verständnis der Kirche als lebendige Gemeinschaft. Ein Beitrag der katholischen Theologie zur Romantik. In: Brinkmann, Richard (Hg.): Romantik in Deutschland. Ein interdisziplinäres Symposion. Stuttgart 1978. S. 475-489 [zit. als Schäfer, Weg]

Schaub, Mirjam: Robert Schneider und das Verschwinden der Literaturkritik. In: Moritz, Rainer (Hg.): Über „Schlafes Bruder". Materialien zu Robert Schneiders Roman. 2. durchges. Aufl. Leipzig 1996. S. 40-48 [zit. als Schaub, Schneider]

Schlösser, Hermann: „Wie kein Meister vor ihm oder nach ihm...". Die Einzigartigkeit des Komponisten Elias Alder. In: Moritz, Rainer (Hg.): Über „Schlafes Bruder". Materialien zu Robert Schneiders Roman. 2. durchges. Aufl. Leipzig 1996. S. 79-91 [zit. als Schlösser, Einzigartigkeit]

Schmidt, Jochen: Die Geschichte des Geniegedankens in der deutschen Literatur, Philosophie und Politik 1750-1945. 2 Bde. Darmstadt 1985 [zit. als Schmidt, Geschichte]

Schmieder, Wolfgang: Thematisch-systematisches Verzeichnis der musikalischen Werke von Johann Sebastian Bach. Bach-Werke-Verzeichnis. Leipzig 1950 [zit. als BWV]

Schneider, Karl Ludwig: Künstlerliebe und Philistertum im Werk E.T.A. Hoffmanns. In: Steffen, Hans (Hg.): Die deutsche Romantik. Poetik, Formen und Motive. Göttingen 1967. S. 200-218. [zit. als Schneider, Künstlerliebe]

Schoolfield, George C.: The figure of the musician in german literature. Chapel Hill/N.C. 1956 [zit. als Schoolfield, figure]

Schulz, Gerhard: Die metaphorische Darstellung des Gegensatzes Einsamkeit - Öffentlichkeit in der deutschen romantischen Lyrik. In: Brinkmann, Richard (Hg.): Romantik in Deutschland. Ein interdisziplinäres Symposion. Stuttgart 1978. S. 611-624 [zit. als Schulz, Darstellung]

Sörensen, Bengt Algot: Symbol und Symbolismus in den ästhetischen Theorien des 18. Jahrhunderts und der deutschen Romantik. Kopenhagen 1963 [zit. als Sörensen, Symbol]

Spahn, Claus: Der Musikmessias von der Hochalm. In: Süddeutsche Zeitung 100 (1996) S. 14 [zit. als Spahn, Musikmessias]

Spinner, Kaspar H.: Stil-Etüden zu Süskind. In: Der Deutschunterricht 3 (1996) S. 32-36 [zit. als Spinner, Stil-Etüden]

Strack, Friedrich: Die „göttliche" Kunst und ihre Sprache. Zum Kunst- und Religionsbegriff bei Wackenroder, Tieck und Novalis. In: Brinkmann, Richard (Hg.): Romantik in Deutschland. Ein interdisziplinäres Symposion. Stuttgart 1978. S. 369-391 [zit. als Strack, Kunst]

Thewalt, Patrick: Die Leiden der Kapellmeister. Zur Umwertung von Musik und Künstlertum bei Wilhelm Heinrich Wackenroder und E.T.A. Hoffmann. Frankfurt/Main u.a. 1990 [zit. als Thewalt, Leiden]

Umbach, Klaus: Wurzelsepp im Wunderland. In: Der Spiegel 17 (1996) S. 217-218 [zit. als Umbach, Wurzelsepp]

Wallmann, Hermann: Wer liest, schläft nicht. Über den Anfang und das Ende von *Schlafes Bruder*. In: Moritz, Rainer (Hg.): Über „Schlafes Bruder". Materialien zu Robert Schneiders Roman. 2. durchges. Aufl. Leipzig 1996. S. 36-40 [zit. als Wallmann, Anfang]

Wellenberger, Georg: Der Unernst des Unendlichen. Die Poetologie der Romantik und ihre Umsetzung durch E.T.A. Hoffmann. Marburg 1986 [zit. als Wellenberger, Unernst]

Werner, Mark: *Schlafes Bruder* - Eine Heiligenlegende?. In: Moritz, Rainer (Hg.): Über „Schlafes Bruder". Materialien zu Robert Schneiders Roman. 2. durchges. Aufl. Leipzig 1996. S. 100-123 [zit. als Werner, Heiligenlegende]

Wiora, Walter: Die Musik im Weltbild der deutschen Romantik. In: Salmen, Walter (Hg.): Beiträge zur Musikanschauung im 19. Jahrhundert. Regensburg 1965. S. 11-46 [zit. als Wiora, Musik]

Wittstock, Uwe: Nachwort. In: Wittstock, Uwe (Hg.): Roman oder Leben. Postmoderne in der deutschen Literatur. Leipzig 1994. S. 315-340 [zit. als Wittstock, Nachwort]

Wöhrle, Georg: Hypnos, der Allbezwinger. Eine Studie zum literarischen Bild des Schlafs in der griechischen Antike. Stuttgart 1995 [zit. als Wöhrle, Hypnos]

Wührl, Paul-Wolfgang: E.T.A. Hoffmann: *Der Goldne Topf*. Die Utopie einer ästhetischen Existenz. Paderborn u.a. 1988 [zit. als Wührl, Hoffmann]

Zeyringer, Klaus: Felders Stiefbruder oder Der verkleidete Erzähler. Robert Schneiders Dorf-Geschichte. In: Moritz, Rainer (Hg.): Über „Schlafes Bruder". Materialien zu Robert Schneiders Roman. 2. durchges. Aufl. Leipzig 1996. S. 55-79 [zit. als Zeyringer, Stiefbruder]

ERGÄNZUNGEN 2003

3. Weitere Werke des Autors (Auswahl)

Schneider, Robert: Dreck. Leipzig 1993

Schneider, Robert: Die Luftgängerin. München 1998

Schneider, Robert: Die Unberührten. München 2000

Schneider, Robert: Der Papst und das Mädchen. Leipzig 2001

Schneider, Robert: Schatten. Leipzig 2002

4. Sekundärliteratur zu SB ab 1997 (Auswahl)

Grunau, Skott: „Robert Schneider: Schlafes Bruder". Abonnement-Sammlung Unterrichts-Materialien Deutsch. Freising 1998. Kapitel 8.8.13

Lammers, Michael: Interpretationshilfe Deutsch. Robert Schneider Schlafes Bruder. Freising 1999

Moeckel, Magret: Erläuterungen zu Robert Schneider 'Schlafes Bruder'. Hollfeld 2002

Moritz, Rainer: Erläuterungen und Dokumente zu Robert Schneider: Schlafes Bruder. Stuttgart 1999

Steets, Angelika: Robert Schneider: Schlafes Bruder. Interpretation. München 1999.

5. Internet-Links zu Buch und Autor (Auswahl)

http://www.djds.de/rsmat/   Sehr empfehlenswerte Homepage von Peter Ringeisen mit regelmäßig aktualisierten Angaben zu Autor und Werk.

http://www.imdb.com/M/title-exact?Schlafes+Bruder   Internet-Movie-DataBase-Seite mit Informationen zur 1995er Verfilmung von Joseph Vilsmaier.

http://bg-gallus.vol.at/vkv/autoren/Schneider/schneidergr.htm Übersichtlich geordnete Angaben zu Autor und Werk.

http://www.reclam.de/   Hier zum Download: **Polt-Heinzl**, Evelyne: Interpretation. Robert Schneider: Schlafes Bruder.

www.ingramcontent.com/pod-product-compliance
Lightning Source LLC
Chambersburg PA
CBHW021954290426
44108CB00012B/1064